Redaksjon: Susanne Urban, Åse Møller-Hansen, Grete Belinda S.Barton

100 ÅRS FREDSARBEID.
HVA NÅ?

Womens International League for Peace and Freedom

WILPF Norway - Internasjonal kvinneliga for fred og frihet

Skrifter fra Hardangerakademiet for fred, utvikling og miljø - Nr.4

www.tredition.de

100 ÅRS FREDS ARBEID. HVA NÅ?
© 2015 Redaksjon: Susanne Urban, Åse Møller-Hansen, Grete Belinda S. Barton

Forlag: tredition GmbH, Hamburg
ISBN 978-3-7323-5884-7
Paperback, 17x24cm

Første utgave norsk versjon februar 2016

Layout: Mario Urban Mannsåker / mariourban.com
Fonts:
Body: Calibri 10/12
Titles: Calibre Bold, 26/23
Cover paperback, matt
Papirtype: chamois

Forlag: tredition GmbH, Hamburg
Paperback ISBN: 978-3-8495-7258-7
Printed in Germany

Velkommen til "fair use" av alt i denne skriften. Imidlertid skal du huske å anføre opp-
havskvinnen til artikkelen/ utdraget du vil bruke.

Bibliografisk informasjon publisert av Deutsche Nationalbibliothek:
Det tyske nasjonalbiblioteket viser denne publikasjonen i Deutsche National Bibliografi;
detaljerte bibliografiske data er tilgjengelig på internett på http://dnb.d-nb.de

Forsidebilde: *Fryd&Fred* v/ billedkunstner Kari Hartveit, IKFF-Bergen/ Hardangerakademiet
for fred utvikling og miljø.

INNHOLDSFORTEGNELSE

SAMARBEID & NETTVERK

ÅPNING AV HARDANGER-AKADEMIET FOR FRED, UTVIKLING OG MILJØ, JONATUNET 1.AUGUST 2015

www.Hardangerakademiet.no

- En stor begivenhet: Etter tusenvis av frivillige dugnadstimer lagt ned av folk fra bygd og by fremstår Jonatunet, tuberkulosesanatoriet fra 1934, nå med nyoppussede sanitærrom, forsamlingsrom og spisesaler. Takk til alle gode hjelpere! Takk til Hardangerrådet, Sparebankstiftinga og Jondal kommune for økonomisk støtte så langt!

Halvparten av de aktive Bergen IKFF-medlemmer er sentrale i arbeidet med å virkeliggjøre prosjektet: I 2011 overtok nypensjonerte Johanne Margrethe Hartwig ansvaret for videreføring av Nordisk Fredsakademi, videre finner vi Anne Helgedagsrud (finansgruppen), Sondof Rabbe og Susanne Urban (arkitektarbeid) og billedkunstner Kari Hartveit (farger og innredning, styret). I rådet deltar p.d.d. Wenche Dorothea Haukland, Åse Møller-Hansen, Susanne Urban, Bhanumati Natarajan, Vigdis Espeland, Trine Eklund (Oslo). Og flere IKFFere har bidratt!

101 rom: Jonatunet senter for fred, utvikling og miljø er Hardangerakademiet sin base. Mer enn hundre ulike rom i fire etasjer er klargjort. Det er satt av rom til bibliotek, og en økologisk hage er i emning. Alt ligger til rette for at senteret blir et godt sted for læring, kultur og tankeutveksling, både lokalt, nasjonalt og internasjonalt. En tiendeklasse fra Bergen var blant de første til å ta stedet i bruk - og tilbakemeldingene tyder på at ungdommene ble inspirerte og oppglødde av foredrag om fredsbygging og bærekraftig utvikling. Også et trossamfunn fra Bergen sa seg fornøyd med sin seminarhelg i juni.

Store tanker fra små steder: Fredelig konfliktløsing, rettferdig utvikling og bærekraftig bruk av naturen er noe vi alle intuitvt lengter etter. I møte med nyhetenes blodige overskrifter er det lett å miste troen på at gode løsninger finnes. Det er da Hardangerakademiet på Jonatunet kan gi faglig påfyll.
Første sommersymposium i eget hus var feststemt og vellykket. Blant mange foredrag hørte vi om IKFFs Fredsarbeid gjennom 100 år v/ IKFF-leder Kirsten Margrethe Kvam Tingstad - visepresident for WILPF international, og Johan Galtungs foredrag "Globale konflikter akkurat nå - og mulige løsninger". Det var samtaler og arbeidsgrupper om kunst for fred, fremtidens økonomi og politiske og etiske problemstillinger i klimadebatten.

Hardangerakademiet for fred, utvikling og miljø ble stiftet sommeren 2014. Johan Galtung sitt internasjonale fredsarbeid gjennom mange år dannet grunnlag for Nordisk Fredsakademi's sommersymposier. Gjennom et stort nettverk satses det på å gi Jonatunet nytt liv. Med sin flotte hage er Jondals gamle tuberkulosesanatorium meget velegnet til bruk for større og mindre konferanser, kurs, seminarer og symposier, skoleturer og også til arbeids - og fordypningsopphold for forskere, kunstnere, freds- og miljøarbeidere, mennesker som søker ro til dialog - og til studier og kontemplasjon.
Jondal, bygden mellom bre og fjord, sentralt i Hardanger, med kort avstand til Bergen og direkte bussforbindelse til Oslo, skaper en særdeles vakker ramme rundt Hardangerakademiets framtidsvyer.

INNLEDNING

IKFF – EN HUNDREÅRIG INTERNASJONAL ORGANISASJON

På vegne av Internasjonal kvinneliga for fred og frihet her i Norge takker jeg for at vi i anledning vårt 100-årsjubileum får være «gjestskribenter» i Hardangerakademiets skrift.

Å komme til Hardangerakademiet for fred, utvikling og miljø er for en fredsaktivist som å komme hjem.

I en verden hvor «alt henger sammen med alt», kan kompleksiteten i verdens problemer bli et hinder for å se betydningen av små tiltak på bakken. Vi opplever at sammenhenger ikke gjenspeiles i politiske vedtak. Ett eksempel på dette er dagens flyktningekatastrofer, som for en stor del er forårsaket av vestens feilslåtte sikkerhetspolitikk. Tiltakene som settes inn er muligens symptom-lindrende, men hindrer ikke nye katastrofer. Som organisasjon arbeider vi med de bakenforliggende årsaker til konflikter, hvor en helhetlig og det vi kaller «integrert tilnærming» står sentralt. Med det mener vi at spørsmål om fred og sikkerhet alltid må ses i sammenheng med menneskerettigheter.

Fred skapes av mennesker i et fellesskap. Grunnpilaren for Hardangerakademiet er nettopp et fellesskap og en dugnadsånd, hvor alles hender og hoder bidrar til å skape grobunn for nye ideer. Nye tanker trengs, og vi vet at fred ikke er et lettbygd prosjekt. Skal vi arbeide for fred, miljø og en rettferdig utvikling må vi være forberedt på hardt arbeid under en felles visjon.

Det er mange uheldige myter om visjoner; at de kun er ønsketenkning og en form for virkelighetsflukt, og at de ikke har noen innvirkning på resultatene. Jeg tror visjoner kan skape økt bevissthet, gi perspektiv, og øke evnen til å se sammenhenger, en innsikt som gir grunnlag for gode løsninger. Planlegging fra et visjonært standpunkt innebærer at vi endrer våre mentale modeller, og felles visjoner gir samhold. Hardangerakademiet gjør alt dette med å samle kunnskaper, skape visjoner som utløser kreativ tenking, som igjen gir perspektiv og løsninger.

Mulighetene for en fredligere verden ligger i hvilke historier som fortelles og hvilke som utelates.

De fleste av dagens medier satser på overfladiske historier som ikke gir nødvendig innsikt. Vi trenger både fysiske og mentale rom til å reflektere over, og utveksle erfaringer. Vi er sikre på at løsninger for fred, miljø og utvikling kan dyrkes fram på et sted som i Jondal hvor det åndelige jordsmonnet synes svært fruktbart.

Internasjonal Kvinneliga for fred og frihet ønsker Hardangerakademiet for fred, miljø og utvikling hjertelig til lykke med åpningen i år, og ser fram til et godt samarbeid i årene som kommer.

K. Margrethe Kvam Tingstad
Landsleder WILPF Norge, Internasjonal kvinneliga for fred og frihet
26.11.2015

100 ÅRS FREDSARBEID. HVA NÅ? Skrifter fra Hardangerakademiet for fred, utvikling og miljø - Nr.4

100 ÅRS FREDSARBEID

«FREDSARBEID GJENNOM 100 ÅR»

v/ Margrethe Kvam Tingstad. Leder for den norske seksjonen av WILPF, og visepresident i WILPF International; Basert på åpningsforedraget ved Hardangersymposiet 31. juli 2015.

JONATUNET 31. juli 2015

«I congratulate you with 100 years of troublemaking!»

sa Leymah Gbowee, mottaker av Nobels fredspris I 2011 – og freds- og kvinnerettsforkjemper i Liberia i sin hilsen til oss i Haag i april i år, da vi markerte våre hundre år. Ja, noen har nok sett på oss som bråkmakere i de hundre årene vi har eksistert.

Det følgende skal delvis handle om vår historie, men i et jubileumsår er vi like opptatt av å bruke erfaringene til å peke ut veien framover.

Vi markerer ikke 100 år uten å reflektere over hva vi har oppnådd og hvordan vi kan gjøre en bedre jobb. Vi skal fornye vårt mandat og håper også å fornye debatten.

Flere av mekanismene rundt krig og fred er de samme som våre formødre så i 1915, men verden har også endret seg på mange områder. Teknologi og vitenskap har gitt nye muligheter, men blir også brukt til avansert krigføring. På noen områder er verden endret i negativ retning med tanke på årsaker til konflikt. Økonomiske og sosiale ulikheter vokser globalt, miljø og livsgrunnlag er truet i stort omfang og vi ser i stor skala økt militarisering av mange samfunn. Kriger er oftere enten borgerkriger eller kriger mellom ikke-statlige aktører, årsakssammenhengene mer komplekse og de aller fleste ofre i væpnet konflikt er nå sivile.

Det finnes et stort og spennende biografisk materiale om kvinnene vi står på skuldrene til i dag. Mange av deres skjebner, deres innsats, mot og risiko fortjener å bli studert. Med begrenset tid har jeg valgt å kun hente frem noen enkeltpersoner, men jeg oppfordrer dere til å lese litteraturen om dette, da det både inspirerer og gir innsikt i vilkår for politisk arbeid i ulike politiske epoker og miljø.

Etter vår internasjonale 100-årsmarkering i byen Haag, hvor det hele begynte i 1915, kan vi slå fast at vi representerer en sprek og vital 100-åring.

Men: De kvinnene som møttes for å protestere mot krigen for hundre år siden hadde aldeles ikke sett for seg at vi skulle stå her nå, hundre år senere. Ikke fordi de var pessimister og at de aldri så for seg hundreårsdagen, men det motsatte. De var av den formening at dersom de fikk spredd tilstrekkelig informasjon om krigens redsler, vanvittige misbruk av ressurser, og aldeles ulogiske spill, ville enhver skjønne, det Alfred Nobel sa: «Det burde og kunne snart være et tilbakelagt stadium at stater kollektivt forplikter seg til å angripe en angriper..» Disse damene så derfor ikke engang for seg en permanent organisasjon.

Men altså: I 1915 kom det innbydelse til Norge fra nederlandske kvinner om å delta i en fredskongress av krigførende og nøytrale lands kvinner. Aletta Jakobs, en lege fra Haag tok da initiativet til en kongress for å protestere mot krigen, og 10 uker senere ble en kongress avholdt. Det betød selvsagt at mange ikke kunne komme grunnet problemer med visum og vanskeligheter med å reise i krigførende land, men 1136 kvinner fra 12 land, både stridende og ikke-stridende, fra 150 ulike organisasjoner møttes[1]. Den første Kongressen ble holdt i april 1915, og den politiske situasjonen var mildt sagt vanskelig. Forsøk på fredsinitiativ kunne oppfattes som støtte til en av partene, og var kontroversiell i mange kretser.

Aletta Jacobs, som vi for øvrig avduket en byste av nylig i Haag, sa ved åpningstalen: «De av oss som har kalt sammen til denne konferansen har aldri kalt den en fredskongress, men en internasjonal kongress av og for kvinner for å protestere mot krig og for å foreslå steg som kan føre til at krigføring blir umulig».

Kongressen i Haag hadde sitt direkte utspring fra den internasjonale suffragettealliansen, en veletablert organisasjon med et sterkt pasifistisk lederskap. Vi ser at kvinnekamp og fredsarbeid går hånd i hånd i Europa og USA, slik som her i Norge.

I Norge tok Dr. Emily Arnesen på seg arbeidet med å sette sammen en norsk delegasjon til kongressen, og 8 kvinner deltok. 24 000 underskrifter ble på få dager samlet inn og sendt til en sympatiadresse i Haag. Jeg har reflektert litt rundt hvordan det var mulig i de dager, uten de kommunikasjonsmessige hjelpemidlene vi har i dag.

For deler av verdenspressen og folkemeningen var målene for denne kongressen latterlige eller beklagelige. Kvinnene ble kalt naive og tåpelige, innblandende og dårlig informerte og uansvarlig feminine – på samme tid som de ble kalt frekt ukvinnelige.

Kongressen vedtok 20 resolusjoner og et program for en varig og rettferdig fred – et program som dannet grunnlaget for videre fredsarbeid. I Norge ble beretningen «For retfærdig og varig fred» trykket og sendt ut til kvinneorganisasjoner over hele landet med oppfordring om å slutte seg til grunnsprinsippene, hvilket 200 foreninger gjorde.

«International Committee of Women for permanent Peace – ICWPP var etablert, som senere ble til Women's International League for Peace and Freedom – WILPF.

Det er bemerkelsesverdig hvordan kvinnedelegasjoner i 1915 fikk adgang til en rekke stats- og utenriksministre.

De 20 resolusjonene ble presentert for regjeringer og statsoverhoder over hele den vestlige verden. De fikk sågar tilgang til USAs president Wilson som så på flere av punktene som fornuftige, og flere av dem ble å finne igjen i et senere regjeringsprogram for fred. Også her i Norge fikk delegasjonen fra Haag møte på høyt nivå for å bære fram sitt budskap, både for stats- og utenriksminister og Stortingets presidentskap.

Mannlige fredsaktivist-miljøer gikk under jorden eller opphørte å eksistere da krigen brøt ut, ettersom de risikerte fengsling og forfølgelse og all publisering ble forbudt. Kvinnene på sin side møtte mer toleranse. Det hadde sammenheng med den tidens kvinnesyn. Kvinner var «politisk ufarlige», de var fredelige og tok seg av sine familier, og innenfor denne normen kunne kvinner protestere mot krig og faktisk ta ledelsen i fredsarbeidet.

Samtidig vet vi at mer sosialistisk orienterte kvinner ble arrestert, fengslet og ført i eksil.

Arbeidet til våre formødre gikk heller ikke upåaktet hen, og de visste at de ble overvåket. Program for møter måtte deles med politiet, mange fikk problemer med å få visum til reiser, og publikasjoner ble sensurert.

Det var en borgerlig og en sosialistisk fløy i fredsbevegelsen. Clara Zetkin (født 5. juli 1857 i Wiederau, Sachsen, død 20. juni 1933 ved Moskva) var en innflytelsesrik tysk marxist, kommunist og kvinnesaksforkjemper. Hun tok blant annet initiativ til den internasjonale

---

1   Kvinnene var fra USA, Belgia, Canada, Danmark, Norge, Sverige, Tyskland, England, Ungarn, Italia, Nederland.

kvinnedagen. Hun sa om Haag kongressen i 1915, da hun bestemte seg for å ikke delta: «Dette er arbeid av bra mennesker, men fryktelig umusikalske politikere». Denne skepsisen gikk begge veier, men da Zetkin ble fengslet for å ha publisert deres Peace Manifeste, var våre formødre klare i sin støtte i sitt nyhetsbrev.

Mange av kvinnene som kom til Haag i 1915 var som nevnt allerede svært politisk involvert i kampen for like rettigheter for kvinner, lik betaling for likt arbeid, for stemmerett og utdanning. Disse rettighetene var inntil da kjempet for innenfor nasjonalstatene som rettigheter man ville påberope seg som borger av et land.

Den internasjonale siden av deres arbeid ble et nettverk for utveksling av ideer og taktikk. WILPF-medlemmer ville fremme fred og kvinners rettigheter i internasjonal solidaritet, og var nokså enestående om det – også under krigen. De redefinerte begrepet «internasjonalisme» til å dreie seg om solidaritet mellom søstre i andre land for deres rettigheter. WILPF var en av de få organisasjonene på den tiden som var opptatt av det internasjonale aspektet ved fredsarbeid, da svært mange fredsinitiativ var basert på patriotisme. Det er verdt å merke seg at selv med et sterkt internasjonalt engasjement, var det kun vestlige kvinner som var tilstede ved oppstarten, og det tok mange år før vi fikk seksjoner i Asia, Mellom-Amerika og Afrika.

Ved stortingsvalget i 1918 sendte den norske gruppen av ICWPP en interpellasjon til samtlige stortingsrepresentanter med spørsmål om de var villige til å arbeide for opprettelse av et folkenes forbund, avslutning av altomfattende voldgiftsavtaler mellom Norge og andre land, og fremming av fredssaken gjennom skoleundervisningen. Det sies at «tilfredsstillende svar» ble gitt av 100 stortingskandidater. De skandinaviske seksjonene sendte samme år en samlet oppfordring til de skandinaviske regjeringer om å sette ned en kommisjon som kunne arbeide med forslag til grunnprinsipper for etablering av et «nasjonenes forbund».

I den övertygelsen, att särskilt de skandinaviska länderna här ha en världsmission att fylla, tillåta vi oss att hemställa till de skandinaviska ländernas regeringar, att de måtte föranstalta om tillsättandet av en skandinavisk kommission med uppgift att utarbeta förslag till grundprinciper och närmare bestämmelser för bildandet av ett "nationernas förbund".

Vi uttrycka vår förhoppning, att de skandinaviska ländernas regeringar snarast möjligt måtte upptaga denna sak till behandling, så att förslag kunna föreligga, då denna tanke i en som vi hoppas snar framtid står inför sitt förverkligande. Vi hava oss bekant, att kommissioner med liknande uppgift redan äro tillsatta av andra länders regeringar, såväl neutrala som krigförande.

<table>
<tr><td>Den danska sektionen
av Int.Kvinnokom.f.varakt.
fred.</td><td>Den norska sektionen
av Int.Kvinnokom.f.varakt.
fred.</td></tr>
<tr><td>Eline Hansen
Clara Tybjerg. Henriette Beenfelt.
Margit Heilesen
Th. Daugaard
Köpenhamn.</td><td>Emily Arnesen
Valentine Dannevig
Ellen Gleditsch
Martha Larsen
Kristiania.</td></tr>
</table>

Den svenska sektionen
av Int.Kvinnokom.f.varakt.fred.

| Anna Kleman | Nina Andersson |

Våpenhvilen for 1. verdenskrig ble inngått 11.11.1918, og «League of nations» – folkeforbundet ble etablert i 1919. Dette året tok vi navnet WILPF og flyttet også til Geneve hvor vi helt siden da har hatt vårt hovedkontor, og har vært svært rettet mot humanitære spørsmål. Jane Adams ble president. Hun er en av våre to presidenter som senere ble tildelt Nobels fredspris for sitt arbeid. Den norske seksjonen av WILPF har vært med helt fra begynnelsen i 1915, og i 1919 fikk vi navnet Internasjonal kvinneliga for fred og frihet.

Et lite apropos.

Selv om jeg i denne beretningen har tatt utgangspunkt i 1915, i en tid hvor mange frivillige organisasjoner ble startet, så startet verken internasjonalt eller norsk fredsengasjement i 1915. Det startet hundre år tidligere.

2014 ble også her i landet 100 -årsmarkering for 1. verdenskrig, hvor vinklingen nok en gang var å «ære dem som æres bør»– de som kjempet og falt i krigen. 2014 var faktisk også 200-årsmerket for en fredsbevegelse som siden 1814 har opplyst om farene for krig og fordelene ved å unngå den. Fra slutten av Napoleonskrigene til starten av 1. verdenskrig har fredsbevegelsen faktisk oppnådd mye, men i alle markeringer i inn- og utland er det som om en stor og aktiv fredsbevegelse aldri har eksistert. "First International Peace Congress" ble for eksempel avholdt i London i 1843.

I 1930-årene var motstanden mot den økende fascismen og jødeforfølgelsene i Europa en av WILPFs hovedsaker. I 1932 ble den 7. internasjonale kongress holdt i Grenoble og mottoet var "Verdensnedrusting eller verdenskatastrofe".

Tross interesse og delvis stor oppslutning om gruppens arbeid ble økonomien et hinder for arbeidet. Å reise var dyrt og vanskelig, og å sende post kostet mye. To ganger ble det søkt om midler, både fra Nobelkomiteen om et bidrag på kr. 100 000 av et reservefond som var lagt opp ved at Nobelprisen flere år under krigen ikke var utdelt, og andre kilder som banker, for eksempel, men alle uten resultat.

Det finnes en del dokumentasjon som tyder på at det slett ikke var enkelt å balansere en ny definisjon av revolusjonær internasjonalisme og absolutt pasifisme med en patriotisk forsvars-pasifisme. Spørsmålet om pasifisme har vært gjenstand for til dels vanskelige konflikter internt i organisasjonen, men vi opplever ikke at det er det i samme grad i dag.

WILPFs internasjonale styre møttes i Genève i desember 1939, og ba President Roosevelt om å kalle inn til en konferanse av nøytrale stater. Styret krevde uavhengighet for India og frihet for Tsjekkoslovakia, og sendte en sympatierklæring til det finske folket som nettopp var blitt invadert av Sovjetsamveldet.

WILPF var også svært engasjert i meklingsforsøk før 2. verdenskrig, og så sent som i februar 1940 ble det gjort forsøk på fremme meklingsforsøk og skape grunnlag for en konferanse for våpenhvile, men verken Folkeforbundet eller den nøytrale stormakten USA tok initiativet.

Så kom 2. verdenskrig. Her i landet ble IKFF forbudt i 1940, og arkivene ble beslaglagt av tyskerne. Heldigvis var de viktigste dokumentene allerede ødelagt for å forhindre at enkeltmedlemmer skulle forfølges av tyskerne. Derfor mangler arkivmateriale fra før 1940. Så i offentligheten var vi ikke synlige, men for pengene i kassen ble det kjøpt inn garn og tøy, og det ble satt i gang strikking av strømper og søm av klær til barn i «krigsherjede strøk» som det står, og det ble holdt mange møter i privat regi.

Lederen den gang, Maria Lous Mohr var en fremtredende person og en sterk talskvinne mot nazismen, og hun satt på Grini i flere år. Den norske seksjonen engasjerte seg også i landssvikoppgjøret og var opptatt av at ikke bitterhet skulle få overtaket. Vi var også klare motstandere av dødsstraff i landssvikoppgjøret.

Under 2. verdenskrig ble arbeidet drevet fra USA. I 1946 fikk WILPFs første generalsekretær Emily Greene Balch Nobels fredspris, spesielt for sitt engasjement for forpliktende internasjonalt samarbeid gjennom FN. Hun foreslo bl.a. at polarregionene skulle eies og administreres av FN. I 1949 gikk den norske IKFF-seksjonen mot NATO i 1949. Det førte til en halvering av medlemstall og mye uro og mistillit som resultat.

Etter krigen brukte organisasjonen lang tid på å komme seg på bena. Krigen brøt ned idealer WILPF hadde kjempet for siden 1915, og desillusjonerte medlemmer og seksjoner foreslo at vi skulle nedlegges som selvstendig organisasjon. Forslaget ble nedstemt, og organisasjonen tok fatt på arbeidet for en ny verdensorden.

WILPF involverte seg i flere store internasjonale saksområder, som opiumsproduksjonen i Kina og rasisme. I rasespørsmål benyttet WILPF seg av den samme måten å jobbe på som fra begynnelsen: Samarbeid med lokale nettverk av små kvinnegrupper og andre som kjente sin hverdag på kroppen og som hadde god informasjon om situasjonen «på bakken».

I 1955 og i 1959 ble det avholdt to konferanser: en afrikanskasiatisk og en afrikansk, i Ghana. Her jobbet WILPF engasjert sammen med lokale krefter for å bekjempe kolonialisme.

Videre ledet et møte i Libanon i 1956 til at vi seks år senere kunne åpne en seksjon der.

Alle slike transnasjonale koalisjoner gjorde at WILPF ble i stand til å ta ledelse i større løp, og det var også slik at vi ble hovedpådriver for sikkerhetsresolusjon 1325 om kvinner, fred og sikkerhet. Implementering av denne viktige resolusjonen gjenstår på flere felt, men den har hatt og får stadig stor betydning for kvinner over hele verden.

Så kom 1970-tallet med årene for de store kvinnekonferansene. Mange tenker at det var da kvinner begynte å reflektere rundt maktstrukturer og feminisme, men dette har vært en sentral del av vår arbeid helt fra begynnelsen. Dette er forløperen til vår såkalte «integrerte tilnærming» hvor menneskerettigheter, kvinnerettigheter og nedrustning må ses i en sammenheng. Dette var nytt innenfor så vel FN som innen politisk og militær tenking.

I dag har vi tre grunnpilarer og dermed imperativer for vårt arbeid:
1. Bekjempe militarismen,
2. Investere i fred og
3. Styrke multilateralt arbeid.

1. Militarismen

innebærer en sterk tro på militær vold som løsning på all konflikt, og at det vi oppfatter som trusler skal møtes med demonstrasjon av våpenmakt.

Militarisering er en sosio-politisk prosess som legitimerer en militaristisk tankegang og visker ut grenser mellom sivilt og militært samfunn. Militarismen representerer et sett med ideer, normer og verdier hvor sentrale trosbekjennelser er:

- Fiendskap er en naturlig tilstand og våpenmakt er den ultimate konfliktløser

- En stat uten et sterkt militærvesen er naiv, gammeldags og knapt rettmessig

- I krisetider må det feminine ha væpnet beskyttelse, og det må stilles spørsmål om manndommen til en mann som nekter å bidra til væpnet aksjon.

Globalisering kan også militariseres. Et eksempel kan være et multinasjonalt selskap som plasserer bedriften i et land som er villig til å sette inn militære styrker mot arbeidstakere som demonstrerer mot dårlige arbeidsforhold. I så henseende blir globalisering avhengig av militarisering der hvor nasjonal sikkerhet ses på som sentralt til å skape eller opprettholde internasjonale forbindelser.

Likeledes kan militarisering globaliseres. Tenk på internasjonalt salg av våpen, u-båter, radarsystemer, panservogner etc. og alle militærbasene. Denne globaliseringen av militariseringen er ikke noe nytt fenomen. Det som er nytt er den globale utstrekning av forretninger og militære ideer og kultur, kapasiteten, antallet private bedrifter som er involvert og de komplekse forbindelsene.

Militarisering av vårt eget land.

Forsvaret fikk omdømmeprisen i 2014. Gjennom en rekke annonser og informasjonskampanjer har forsvaret i Norge de siste årene gradvis bedret sitt omdømme, ifølge juryen. Økt positivt omdømme gjør det militære mer attraktivt for unge som vil ta utdanning og for folk som er på utkikk etter jobb.

8. mai er tradisjonelt frigjøringsdagen, men har nå blitt veterandagen. Man leter opp gamle helter og gir dem medaljer med stor bravur. Det virker som en dårlig tilslørt kampanje for å glorifisere det militære og legitimere økte militærutgifter.

Militarisering ser vi også når militære styrker i mange land settes inn mot demonstranter. Paradoksalt nok er det demonstrasjoner mot myndigheters undertrykkelse, miljøødeleggelser, og økonomiske interesser som ødelegger livsvilkår, som nå oftere stoppes av militære styrker.

Hvorfor er militarisme en trussel?

Først og fremst fordi den gir den totalt villedende melding at den kan skape sikkerhet.

Patriarkatet er en betegnelse som brukes for å beskrive et samfunn preget av ulike maktforhold mellom kvinner og menn, der kvinner er systematisk vanskeligstilte og undertrykte. Dette er spesielt merkbart i kvinners underrepresentasjon i viktige statlige institusjoner og i beslutningsposisjoner. Menns vold mot kvinner er også en viktig funksjon i patriarkatet. Forsker Cynthia Cockburn konkluderer med at patriarkalske kjønnsrelasjoner per se er årsak til krig og bidrar til militarisering og predisponerer våre samfunn til krig [2].

Vi etterlyser en mer sivilisert samtale om militarisering som en logisk konsekvens av å skape stereotyper av maskulinitet.

Man skaper altså en maskulin identitet som er innstilt på å bruke vold i konflikter, og en mannsrolle som støtter dette. Negativ maskulin identitet påtvunget av militarisme gjennom rollemodellen som soldat, forsterkes gjennom væpnede konflikter. Seksualisert vold er en konsekvens av patriarkalske verdier, stereotypier, ekskludering og undertrykkelse·

Det vil altså si at det er like mye mannsidentiteten som manipuleres som kvinnerollen.

Hvordan kan vi oppdra små gutter slik at de ikke trer inn i en automatisk antagelse av privilegier og makt? Skal vi fortsette å lage soldater for konge og mødreland?

---

2   Cynthia Cockburn, 2014, «gender and militarism»

Kjønnsbasert vold er både en årsak til og en konsekvens av ulikhet mellom kjønnene, basert på sosiale og kulturelle forhold som er høyst kjønnet. Disse kompliserte årsakene og konsekvensene eksiterer i forskjellig grad og i ulike former i før-konfliktsamfunn, i løpet av konflikter og i postkonflikt-samfunn.

Argumenter som at "kvinner i forsvaret vil utfordre dagens stereotypier og voldsfikserte maskulinitet", viser seg ikke å holde stikk i praksis. Hvordan kan da også en militærkultur som skal forberede mennesker på å være de overlevende i en væpnet aksjon gjøres mer menneskelig og myk?

«Add women and stir» er en dårlig oppskrift. Konflikt fortsetter å være basert på patriarkalske tanker om å overvinne den andre. Kvinner som deltar i krig understreker at de ofte inntar en enda tøffere rolle enn menn for å bli tatt alvorlig og for ikke å bli et offer selv.

Jeg skal ikke legge skjul på at det er delte syn på dette – noen hevder at kvinner i forsvaret betyr likestilling, og er ikke redd for militarisering av samfunnet. For oss er det ikke et spørsmål om kvinner er i stand til å fylle roller og ta alle oppgaver i militæret. Vi stiller spørsmål om militarisering av kvinners liv er fordelaktig for kvinner og oss som samfunn.

Her må det forskes mer. Den feministiske forfatteren og professoren Cynthia Enloe snakker om at den militarismen som gjennomsyrer verdenspolitikken ikke er naturlig eller automatisk, men at den oppstår når frykt får dominere. Frykt for å miste makt, militært, politisk eller økonomisk, blir viktigere enn frykt for humanitære konsekvenser av militarisme og krig. Dessverre hersker oppfatninger om at den feministiske kritiske teorien beskylder menn for dagens situasjon. Slik er det ikke. Det som kritiseres er den voldelige delen av maskuliniteten som man stadig fremmer.

Kenya er et typisk samfunn hvor det hersker en klar oppfatting av at effektivt lederskap og kontroll i samfunnet utøves ved bruk av makt - premisset for en militarisering. Problemet er, at kreftene bak militarismen ikke bare er statlige i Kenya. Fravær av statlige maktstrukturer åpner for at andre grupper tar over "sikkerheten" i områder der lokalsamfunnene er dårlig organisert. Dette blir så politisert, og påvirker sosial adferd. Det er derfor positivt at USAs president Obama tok opp dette under sitt besøk i Kenya, juli 2015.

Våpen.
Omkring ett tusen mennesker drepes daglig av våpen, og 3000 skades.

«Når du har krig, ser du etter våpen. Når du har våpen, ser du etter en krig».

Spredning av våpen er med å intensifiere og opprettholde konflikter og andre former for vold, som terrorisme og organisert kriminalitet. Våpen muliggjør en rekke brudd på menneskerettigheter, seksuell vold, bortføring, tortur, trusler, og rekruttering til voldelige grupper. I 2010 uttrykte Storbritannia sterk bekymring rundt kjønnsbasert vold i mer enn tjue land, samme år som de godkjente våpeneksport til 16 av disse landene inkl. Israel, Libya, Pakistan, Russland og Saudi-Arabia.

USA, Russland, Tyskland, Frankrike, Kina, og Storbritania eksporterer mer enn 75% av våpnene sine. I april 2013 vedtok G8 landene en historisk deklarasjon om å forebygge seksuell vold i konflikt, og senere på året under FNs 68. generalforsamling ga mer enn 140 land sin støtte til «The declaration of Commitment to end sexual violence in conflict».

Det er imidlertid bare en sterk internasjonal lovgivning som kan hindre våpensalg til land med utbredt seksualisert vold. Våpenhandelsavtalen (Arms trade treaty - ATT) fra 2013 gir en mulighet nettopp ved artikkel 7(4): Statene skal inkludere bestemmelser i sine nasjonale eksportregulativer som hensyn til seksualisert vold.

«Militær- industrielt kompleks» et begrep som ble innført av president Dwight Eisenhower (president i USA 1953 til 1961). Han advarte mot sterke økonomiske interesser i våpenindustrien, og sa at nedrustning er helt påkrevet. Vi vet bare altfor godt at hans ord på ingen måte er tatt til følge. Noen hevder at USA ikke bare har, men utgjør et militær- industrielt kompleks med tentakler ute i hele verden, også i Norge.

Våpen og maskulinitet.

Det er en sterk sammenheng mellom våpen og forestilling om maskulinitet både i freds- og krigstid, inkludert fremstilling av menn som beskyttere og krigere. Det dreier seg ikke bare om håndvåpen; selv atomvåpen er brukt i mange sammenhenger til å demonstrere maskulinitet. Etter Indias atomvåpentester i 1998, forklarte en hindu-leder – «Vi måtte jo bevise at vi ikke er evnukker». Når stater opptrer som om landets makt og sikkerhet avhenger av atomarsenal, skapes situasjoner hvor våpnene blir symbol på statssikkerhet.

Vi mener her at det er viktig å analysere disse våpenkulturene som sosiale konstruksjoner og ikke som basert på naturlover. Vi ønsker å utvikle diskurser og tilnærminger til nedrustning og våpenkontroll som setter søkelyset på ideene og årsakene til opprustning.

Vold er blitt normalitet. De som studerer dette feltet sier at barnefilmer er langt mer voldelige i dag enn for få år siden, og bare tenk på alle dataspillene med rå og ofte seksualisert vold.

2. Militært forbruk/ investere i fred?

I 2014 brukte verden 1776 milliarder amerikanske dollar på militært utstyr, iht SIPRI, Stockholm International Peace Research Institute. .

Det påpekes direkte sammenhenger mellom de enorme summene på våpen og konflikter på den ene siden og global sosial og økonomisk ulikhet, fattigdom og menneskerettighetsbrudd på den andre. Avanserte våpen er brukt som politiske verktøy for å manipulere internasjonale relasjoner. Ny våpenteknologi med ubemannete droner, rom-våpen etc. vil slik mange forskere ser det destabilisere planeten og underminere menneskerettigheter.

Miljøeffekter av militarismen er alvorlige, det være seg våpenproduksjon, testing av våpen, forurensing fra flybaser, og ikke minst akutte og langsiktige miljøvirkninger av krig og andre våpenangrep. Nye bærekraftsmål skal vedtas i 2015. Her er det viktig for oss å arbeide for at mål nr. 16 som handler om fred, også skal omfatte en målsetting om reduksjon i militære utgifter til fordel for miljø, fred og sosial rettferdighet.

> **Paradigmene rundt fred og sikkerhet må omdefineres til å inkludere kvinners syn. Det dreier seg ikke bare om kvinner, det dreier seg like mye om å gi alternativer til menn.**

Seksuell vold

Vi avviser den stereotype forenkling at kvinner er ofre per se - et syn som er med å skille seksuell vold fra makt-, likestillings- og deltakelses-aspektene av «kvinner fred og sikkerhet»

Det er avgjørende at kvinner og kjønnsperspektiver inkluderes i fredsprosesser, forhandlinger og i postkonfliktområder. Vold mot kvinner er sjelden nevnt i fredsdokumenter og våpenhvileavtaler. Selv i Liberia, hvor kvinner i høyeste grad deltok og spilte en nøkkelrolle i fredsprosessen, var voldtekt ikke omtalt som en del av problemene.

Studier av 300 fredsavtaler i 45 konfliktsituasjoner viser at bare i 10 konflikter, og 18 avtaler er seksuell vold nevnt.

Et stort problem er straffefrihet. I Marokkos historie har de som har torturert, voldtatt og drept ikke blitt straffeforfulgt. Tvert imot, i disse dager diskuteres et nytt lovutkast som vil sikre straffefrihet for politisk kriminalitet, et steg i feil retning, bort fra demokrati. Den patriarkalske kulturen, som støtter seg på religiøse tolkninger som undertrykker kvinner er fremdeles altfor sterk. Det er en dyp motsetning i den marokkanske regjeringen. Mens staten søker å bygge fred, går den inn for økt militarisering og økt lovbeskyttelse og straffefrihet for militære aktører.

Feministisk utenrikspolitikk.

Margot Wallstrøm, Sveriges utenriksminister, har sagt at hun skal føre en feministisk utenrikspolitikk. Ved å nekte våpensalg til Saudi-Arabia har hun vist mot, og demonstrert tydelig behov for å tenke nytt. Vi er hjelpeløse vitner til det som skjer i Syria, Irak, Nigeria, Ukraina etc. og vi må begynne å spørre: Hvor kommer våpnene fra? Hvordan kommer våpnene i hendene på dem som hver dag begår forbrytelser mot menneskerettighetene? Verden har lover mot den slags forbrytelser, men vi opplever stadig at disse ikke respekteres.

Margot Wallstrøm har klare prinsipper og forsøker å dra politikken i den retningen. Saudi-Arabia er et av verdens verste land med tanke på krenkelse av menneskerettighetene, men blir ikke sanksjonert av noen medlemsland i FN, enda alle har signert på menneskerettighetserklæringen. Flere land på listen over verstinger opplever at deres adferd ikke får konsekvenser.

Wallstrøm beskyldes selvsagt også for å være naiv, emosjonell og mangle politisk dømmekraft – nøyaktig den samme kritikken som fredsbevegelsen har fått høre i alle år.

Hun viser verden hva politikken kan være når vi setter prinsipper og menneskelig anstendighet over «business as usual». Det er en feminists utenrikspolitikk. Feminisme er mer enn en liste med mål som oppnås en gang for alle. Det er en politisk retning, et frigjøringsprosjekt og det innebærer en gjenkjennelse av hvordan maktstrukturer knyttet til kjønn griper inn i enkeltmenneskers hverdag.

Årsaken til konflikter er oftest sosiale, økonomiske og politiske systemer. Fysisk vold kommer ofte til uttrykk i protest mot en strukturell vold utført av undertrykkende regimer eller utnyttende systemer som underbygger ulikheter. 10% av voksne eier 86% av verdens ressurser. Økonomiske forskjeller er derfor en viktig grunn til ufred.

Strukturell vold er både politisk og kulturell i tillegg til økonomisk, og i dag, 65 år etter FNs menneskerettserklæring mangler det enormt mye på oppfyllelse. Verden kan ikke få fred før menneskerettighetene er sikret.

Våre visjoner innebærer et annerledes sikkerhetskonsept på alle nivå, som handler om trygge befolkninger, frigjøring for kvinner og kvinners rolle i fredsbygging. Altfor mange FN-resolusjoner ender opp som en modifisering av kriger for å gjøre dem litt mindre utrygge.

Sikkerhetsresolusjon 1325 om kvinner, fred og sikkerhet er nå tatt inn i det norske forsvaret, dessverre mest til inntekt for et syn om at kvinners rettigheter betyr flere kvinnelige soldater.

Sammenheng mellom kvinners sikkerhet og nasjoners sikkerhet.

The WomenStats project, ved Valerie Hudson, har i mange år studert sammenhengen mellom kvinners og staters sikkerhet, og funnet nettopp at det er en sterk sammenheng. De har brukt mer enn 350 variabler i 175 land, og funnet at mangel på likestilling gir høyere sannsynlighet for interstatlige og interne konflikter, raskere konfliktutvikling, og maktbruk.

3. Styrke multilateralt samarbeid
- reformere og styrke multilateralisme.

Vår tredje pillar går kort sagt ut på å styrke FNs organer, skape økt respekt for folkerettslige institusjoner og arbeide for en internasjonal økonomisk orden basert på alle folks behov, ikke på profitt og privilegier.

Helt fra begynnelsen har vi oppfordret til en verdensorganisasjon som skulle forebygge framtidige kriger, og vi var pådrivere for Nasjonenes forbund i 1919 og for FN i 1945. Vi er stolte over å være blant de første organisasjonene som fikk konsultasjonsstatus hos FN. Det gir oss muligheter, og det forplikter. I dag blir FN bedratt av sine egne medlemmer. FN-paktens intensjoner, som er å etterse menneskers trygghet, blir forvrengt av interessene til mektige nasjoner.

Sikkerhetsrådet er helt uten autoritet med 5 atomstater som permanente medlemmer, og som hver for seg sikrer sine interesser og lammer arbeidet med å sikre nedrustning.

Enda verre ble det da generalsekretæren i FN i 2008 innledet samarbeid med NATO, som nå oppleves mest som en aggressiv atomvåpenallianse. Vi trenger en funksjonell multilateral mekanisme, og FN er det vi har. FN må igjen bli reelt fredsforebyggende og fredsbevarende, og må gjøre mer enn å sende fredsbevarende styrker til krigsområder fordi forebyggingen ikke har vært gjort. "The department of peacekeeping" er populært kalt "the military wing". FN må gjeninnføre ordet fred i sitt daglige språk.

SÅ: Hva gjør vi med alt dette vi vil ha endret på?

Vi kan ofte kritiseres for å være mot krig, for fred, men uten å etablere konkrete forslag til endring. WILPF publiserer stadig konkrete råd og forslag under de temaene vi jobber med. Vi er opptatt av den såkalte integrerte tilnærming, hvor vi ser menneskerettigheter, likestilling, og nedrustning under ett – fordi det henger sammen!

Reaching critical will (RCW) er et program vi har etablert for å skape en mer dynamisk og koordinert sivilsamfunns-tilstedeværelse i de ulike FN-systemene. Vi hjelper ulike grupperinger med tilgang til nedrustningsorganer og konferanser og vi etablerer databaser og arkiv fra møter. Videre setter vi sammen analyser, rapporter og kampanjer.

Vi skaffer også materiell til akademikere, diplomater, NGO-representanter og andre.

Da RCW sammen med IANSA, International Action Network on Small Arms begynte å snakke om kjønnsbasert vold i forbindelse med våpenhandels- (ATT-) forhandlingene, møtte vi helt uforstående blikk: "Hva hadde våpenhandel med kjønn å gjøre»? Spørsmål kom både fra diplomater og andre organisasjoner. Seks år senere, ved sluttforhandlingene av ATT, signerte mer enn 100 stater og flere hundre sivilsamfunnsgrupper på oppfordringen til en bindende klausul som handlet om kjønnsbasert vold. Slik er det vi arbeider. Det handler av og til om å flytte tekst, å få et språk som kan endre holdninger, lover som kan føre til at overtredelser blir straffet, og forskrifter som gjøre oppfølging mulig.

I våpenhandelsavtalen innebar klausulen vi hadde arbeidet for å få med at stater ikke skal tillates å selge våpen til land hvor disse blir brukt til å undergrave menneskerettigheter, bidrar til organisert kriminalitet, eller medfører risiko for kjønnsbasert vold.

Veien til implementering av regler er lang, men språket åpner altså dørene til en erkjennelse av våre perspektiv i disse spørsmålene.

WILPFs ulike programmer rundt temaet «kvinner, fred og sikkerhet» tar for seg spørsmål om inkludering av kvinner i fredsbygging og fredsforhandlinger utover det rent normative.

Vi ble faktisk nevnt av utenriksminister Børge Brende i Stortingets spørretime i oktober i fjor i forbindelse med vårt arbeid for å bringe syriske kvinner til forhandlingsbordet.

Vi arbeider for transparens og økt demokrati, utryddelse av sexisme og rasisme, og styrking av internasjonale lover og menneskerettigheter.

Vi gir økt prioritet til en redefinisjon av begrepet sikkerhet. Tradisjonelt har betydningen vært at militære muskler gir sikkerhet. Vår sikkerhet er ikke forsvar av statlige anliggende men trygghet for borgerne. Det betyr, vann, mat, helsesystemer, utdanning og inntekt. Det handler om kvinners bestemmelse over egen kropp.

Vi ønsker også å være en konstant påminnelse i FN om deres forpliktelser og tilkortkomninger. Et konkret eksempel er arbeid for å forbedre det internasjonale juridiske rammeverket som skal beskytte mot at multinasjonale selskaper begår menneskerettighetsbrudd.

Vi er, og må være, tålmodige når vi arbeider for en fredeligere verden. Av og til må vi likevel markere vår utålmodighet, og et godt eksempel på dette var ved årets kvinnedag i Genève. De siste årene har WILPF hatt anledning til å levere en uttalelse til den årlige nedrustningskonferansen for å markere 8 mars. Nedrustningskonferansen (CD) er et forum opprettet av det internasjonale samfunnet til å forhandle multilateral rustningskontroll og nedrustningsavtaler. Den er ikke formelt en FN-organisasjon, men knyttet til FN gjennom en personlig representant for FNs generalsekretær, og bes ofte om å vurdere konkrete nedrustningsspørsmål. I år kom WILPF med en uttalelse hvor vi påpeker at konferansen ikke har utført vesentlig arbeid på 17 år og vi sier klart ifra om at inntil forsamlingen viser til at de gjør noe, har vi ikke tid å bruke på dette. Uttalelsen er å finne på våre nettsider, og er lesverdig.

Det er vanskelig når vi leser om den politiske situasjonen i 1914 å la være å trekke paralleller til dagens Europa. Radikale grupper, noen politiske ledere og visse deler av media, utnytter denne atmosfæren og maler bilder av en verden som består av gjensidig utelukkende kulturer, religioner eller samfunn, og at konfrontasjon er uunngåelig. Verdenssamfunnet må hele tiden lete etter en balanse mellom universelle verdier og toleranse for variasjon. Maner vi frem fiendebilder, gir vi fra oss våre beste kort.

Mediene spiller en stor rolle idet de er med på å skape de bildene som underbygger politikk, enten det er islam-hat eller å legitimere et fryktbasert behov for å ruste opp. Den bestialske volden i verden gir store overskrifter. Årsakene bak og konsekvensene av vold er i langt mindre grad et tema.

Vi må gå lenger i å se hvordan enkeltmenneske og småsamfunnenes rolle kan styrkes i arbeidet. Dagens kriger er ikke så ofte konflikter mellom stater. Andre kriser verden må løse ved samarbeid er klimakrisen, økonomisk og sosial ulikhet, epidemier, miljøødeleggelser, og ingen av disse kan løses ved hjelp av militærmakt. Protester og opprør kan settes tilbake med våpen, men de grunnleggende årsakene kan ikke løses ved militære muskler.

WILPF vedtok et nytt manifest ved 100-års jubileumskongressen i april 2015. Det er vår politiske erklæring og framstår som krav om en altomfattende politisk forandring. Det er som å lese et radikalt feministisk dokument fra 1970-tallet bortsett fra at feminismen den gangen i liten grad så sammenhengen med militarismen.

Vi møter de samme argumentene fra maktstrukturene i dag som for hundre år siden.

Vi opplever å bli beskyldt for ikke å være realistiske når vi tar til orde for nedrustning og en transformering av den økonomiske agendaen. Det verden trenger nå, er politisk mot og vilje til å transformere paradigmene for fred og sikkerhet. Vi må arbeide mer for å gjøre politisk «mat» av våre hjertesaker, noe jeg er sikker på at Hardangersymposiet vil diskutere.

WILPF samarbeider bredt med lokale bevegelser, organisasjoner og enkeltpersoner.

Vi er også representert i styrene til flere nedrustningsinitiativ og vi mener klart at koalisjoner vil sette et større fotavtrykk for saken vår.

Einstein har sagt : "Peace cannot be kept by force, only be achieved by understanding". Så akkurat som i 1915 er det nødvendig at vi påpeker sammenhengen mellom likestilling og rettferdighet, mellom utvikling og fred. Her har vi felles sak med Hardangerakademiet.

Avsnittene om organisasjonens historie er hentet fra tidligere publiserte skrifter ved IKFF/ WILPF, og noen få steder direkte gjengitt.

"Aldri mere krig!" er et av kunstneren Käthe Kollwitz mest berømte. Hun var medlem av den tyske seksjonen av WILPF.

1926: TIDLIG ADVARSEL MOT NAZISME OG FASCISME

Noen glimt fra WILPF i mellomkrigstiden

v/ Åse Møller Hansen, IKFF-Bergen (Kilde bl.a. "70 år for fred", IKFF 1985/ Dagny Skauge)

1926: WILPF Tyskland foreslår for republikkens regjering å utvise en østerisk statsborger. Hans navn er Adolf Hitler. Begrunnelsen for utvisningen er at han driver en farlig politisk virksomhet.

WILPF, spesielt de tyske seksjonene, så tidlig at Adolf Hitler representerte totalitarisme og at han var en farlig trussel mot fred og demokrati. De så at han pisket opp misnøye og ydmykelse i det tyske folket og formet landet i en farlig retning, og prøvde å formidle at det nasjonalsosialistiske tyske arbeiderpartiet hverken var sosialistisk eller representerte arbeiderklassen.

På denne tiden var det 42 tyske WILPF-seksjoner. Å kjempe mot militær opprustning, imperialisme og antisemittisme var en viktig del av arbeidet deres.

Under WILPF sin internasjonale kongress i Dublin i 1926 ble det vedtatt en resolusjon om å jobbe mot antisemittisme og økonomisk imperialisme.

Da Hitler kom til makten i 1933, ble ledende medlemmer, som ikke hadde flyktet ut av Tyskland, arrestert. To tyske WILPF-ledere som flyktet til Sveits var Lida Gustava Heymann (fagforeningsleder) og Anita Augsburg (første kvinnelige dommer i Tyskland).

Et amerikansk medlem som også advarte sterkt mot Hitlers politikk var Emily Greene Balch. Hun bodde mange år i Europa og ble WILPF's første internasjonale sekretær.

I 1946 mottok hun Nobels fredspris for sitt livslange arbeid for nedrustning og fred.

Balch var økonom og sosiolog, og hun var kveker. I USA hadde hun studert levekårene til arbeidere, innvandrere, minoriteter og kvinner, noe som førte til at hun erklærte seg som sosialist allerede i 1906. Hun deltok i flere statlige kommisjoner i USA, blant annet for minstelønn for kvinner.

Under første verdenskrig arbeidet hun sammen med Jane Addams (som senere fikk Nobels fredspris), for å få statsledere i nøytrale land til å gripe inn for å stoppe krigen. Da USA gikk inn i krigen i 1917, ble krigsmotstanderne Addams og Balch stemplet som farlige undergravere.

I mellomkrigstiden anklaget Balch de vestlige demokratier for å ikke prøve å stoppe Hitler's og Mussolini's aggressive politikk.

Da hun fikk fredsprisen, fikk hun ikke noen gratulasjon fra den amerikanske regjeringen. Det offisielle USA hadde lenge sett på henne som en farlig radikaler.

Kilder:

- *70 år for fred, Dagny Skauge. IKFF 1985*
- *The Woman and the Warriors, av Carrie A. Foster, beskriver WILPF USA og WILPF internasjonalt i tiden 1915 -1946. Boken ligger åpent for nedlastning på internett.*
- *Nobels Fredssenter*

KAMPEN FOR Å REDDE JØDISKE BARN

fra Fredsspor i ulendt terreng/ IKFF's utstilling 1985

Det var jo noen her i vårt land som var våkne og forsto hvilken fare som utviklet seg i Tyskland. Våren 1935 meldte Sigrid Helliesen Lund seg inn i Kvinneligaen. Kampen mot det som skjedde i Tyskland sto i forgrunnen for arbeidet i IKFF, men det møtte liten forståelse. Like før krigen brøt ut reiste Sigrid, sammen med kvinneligaens formann Marie Lous Mohr til Praha og hentet 37 jødiske barn hjem til Norge. Nansenhjelpen sto bak dette initiativet. Da Norge ble okkupert av Tyskland i 1940 arbeidet Sigrid med å få jødiske flyktningsbarn bragt i sikkerhet i Sverige. Dette arbeidet førte til at hun omsider også sjøl ble flyktning i Sverige.

Da Sigrid var 89 år gav hun ut boka "Alltid underveis" i samarbeid med Celine Wormdal. Året var 1981. Her forteller Sigrid om sitt liv i en dramatisk historisk epoke for vårt land. Hun har sjøl vært en sentral skikkelse, blant annet i Nansenhjelpen. I 1939 var hun leder for en hjelpeaksjon til Finland, i 1940 var hun leder for en hjelpeaksjon til Kristiansund. Etter krigen var hun aktiv i hjelpearbeidet for å bygge opp det krigsherja og utbrente Finmark. Hun ble også den første formannen for den nyetablerte "Redd Barna"-organisasjonen i vårt land.

Drivkraften og inspirasjonen i Sigrid Helliesen Lund's liv og gjerning kan knyttes til hennes religiøse vidsyn og tro på den guddommelige livskilden i hvert enkelt menneske. Det har hun som medlem av Venners Samfunn (Kvekerne) vidnet om i et langt liv.

Sigrid Helliesen Lund (1893–1987)- sentral i kampen for å redde jødiske barn

1940: KVINNEGRUPPER VOKSER FRAM. IKKEVOLDSMOTSTAND

fra „Fredsspor i ulendt terreng"/ IKFF's utstilling 1985

Helga og Aasta Stene tok høsten 1940 initiativet til dannelsen av kvinnegrupper ut over landet. Ca 700 kvinner ble etterhvert med i dette nettverk av smågrupper.

I Stavanger startet Anne Emilie Gjøstein en gruppe med fem kvinner. De møttes på et sjøhusloft i Sørnes, tilsynelatende til et hyggelig venninetreff. Men emnene som ble diskutert var:

- Haag-konvensjonen - særlig om rettigheter for sivilbefolkningen i okkuperte land.

- Rettsoppgjøret etter krigen ("unngå "de lange knivers natt")

- Anerkjennelse av barn med tyske soldater som fedre

- Loyalitet overfor valgte myndigheter - Det norske Storting 1936. Ellers diskuterte de etterkrigens Norge generelt og kvinners stilling spesielt.

Målet for gruppearbeidet var:

1. Spre opplysning, trene kvinner til politiske diskusjoner og saksbehandling.

2. Støtte hjelpearbeidet, informere om behov for hjelp.

3.Formidle beskjeder, eventuelt delta i spesielle aksjoner.

FORELDREAKSJONEN 1942

v/ Mari Holmboe Ruge, IKFF-Oslo

IKFF-medlemmene Helga og Åsta Stene var blant de første som startet et opplysnings- og holdningsskapende arbeid for å få foreldre til å protestere mot «Quislingregjeringens» planer om en obligatorisk NS-tjeneste for ungdom. De tok kontakt med Sigrid Helliesen Lund. Sammen satte de opp et skriv som skulle spres til hjemmene. Gjennom kvinnenes kontaktnett - særlig det da forbudte Lærerinneforbundet - gikk kampanjen som en bølge over landet. Alt måtte foregå i det skjulte.

§1. «Enhver norsk gutt og jente skal for sin nasjonale skyld og for å tjene sitt folk og fedreland tjenestegjøre i Nasjonal samlings ungdomsfylking. Plikten til ungdomstjeneste begynner 1.januar det år tiårsalder fylles og opphører 31. desember det år attenårsalder nåes." » Lov om nasjonal ungdomstjeneste. 5.februar 1942.

"Quislingregjeringens" lov om Nasjonal Ungdomstjeneste førte til en spontan reaksjon fra norske lærere og den norske kirke. Men norske foreldre innså også behovet for å beskytte norske barn mot nazi-ideologien. De ville ikke gå med på en tvungen nazifisering av sine barn og i løpet av kort tid var foreldreaksjonen satt i gang og det strømmet inn 200 000 protestskriv fra norske foreldre, underskrevet med fullt navn.

"Jeg ønsker ikke at mitt barn skal delta i NSUF's ungdomstjeneste, da de retningslinjer som er trukket opp for dette arbeid? strider mot min samvittighet." | Protestbrev, forfattet av søstrene Aasta og Helga Stene.

Foreldreaksjonen var i stor grad drevet av kvinner og var den aksjonen under krigen som aktiviserte flest kvinner. Motstandsledelsen var i utgangspunktet noe skeptisk til denne aksjonen, fordi den med liten oppslutning kunne føre til uante represalier fra tysk side. Det var bestemt felles dag for postleggelse av protestskrivet og den enorme reaksjonen fra foreldre gjorde effektive aksjoner fra myndighetene sin side vanskelig. Norske foreldre hadde sagt et tydelig nei til "hjelp" i oppdragelsen. På lokalt hold ble det fortsatt fra regimets side forsøkt å gjennomføre ungdomstjeneste. Barn av NS-foreldre var aktive, men det lyktes aldri å få til en samling av all norsk ungdom.

Selve loven ble en stor fiasko for regimet, noe den klare motstanden fra lærere, kirke og foreldre må få æren av. | |
«Quislingregjeringens» lov om Nasjonal Ungdomstjeneste førte til spontane reaksjoner fra lærere og foreldre. Foreldreaksjonen ble koordinert av en hemmelig komité av ledere i de forbudte kvinneorganisasjonene for å hindre at norsk ungdom skulle registreres i ungdomstjenesten. Gjennom et utrolig effektivt hemmelig nettverk lyktes det å få over 200.000 foreldre til å sende dette protestbrevet til departementet 6. og 7. mars: "Jeg ønsker ikke at mine barn skal delta i NSUFs ungdomstjeneste, da de retningslinjer som er trukket for dette arbeide strider mot min samvittighet."[1]
I første uke av mars 1942 kom det omtrent 250.000 signerte protestbrev fra foreldre i hele

---

1 Det eksakte tallet på protester er aldri blitt fastslått, men en som arbeidet i departementet husker alle kleskurvene med protestbrev som ble båret inn i lokalene.

1949: KVINNELIGAEN MOT ATLANTERHAVSPAKTEN (NATO)

fra FRED OG FRIHET Spesialutgave, 75.årgang Nr.1 / 2014

I 1949 ble en henvendelse sendt over til den norske regjeringen, med advarsel om å slutte seg til Atlanterhavspakten - **som nå kalles NATO** - North Atlantic Treaty Organisation. Vi gjengir utdrag av brevet her:

"Det er ingen tilfeldighet at Norsk seksjon av Internasjonal Kvinneliga for Fred og Frihet var den første organisasjonen her hjemme som reiste en aksjon mot Norges tilslutning til Atlanterhavspakten. ...

Da spørsmålet om Norges tilslutning til en militærallianse med Amerika og de vesteuropeiske land reiste seg, var det en selvfølge at Kvinneligaen måtte protestere. En politikk som uten videre deler verden i to fiendtlige blokker, vil en internasjonal fredsorganisasjon ikke kunne akseptere som realpolitikk. Den opprustning som uvegerlig følger med enhver militærallianse, hvor den enn dannes i verden, er det Kvinneligaens mål å bekjempe.

Menneskene i Sovjetunionen og menneskene i Amerika og de vestlige demokratier er ikke fiender og ønsker heller ikke å bli det. Alle som har opplevd den siste krigen og vet hva krig betyr, ønsker bare å få leve sitt liv i fred, hver i sitt land. I frihet fra frykt og i frihet fra nød. Norge kan ikke gå inn i en militærallianse med Amerika uten at dette vil bli oppfattet som en provokasjon overfor Sovjetunionen. En slik provokasjon vil skape hets-stemning og krigsfrykt i mange land. En vil få et unaturlig oppagitert fiendskap mellom folkene som vil øke mistilliten og vanskene i det mellomfolkelige samarbeid.

Kvinneligaen mener det er uforenlig med vår demokratiske konstitusjons prinsipper at regjeringen treffer avgjørelser i en så viktig sak som det her dreier seg om, uten a ta hensyn til hele folkets mening og vilje. Derfor har Norsk gruppe av I.K.F.F. sendt sin henstilling til den norske regjering."

I samsvar med denne henstillingen holdt Kvinneligaen et diskusjonsmøte 19. januar med orienterende innledninger av en representant som går inn for pakten, professor Wilhelm Keilhau, og en representant som går mot den, helsedirektør Karl Evang.

Det så ut som dette møtet løsnet skredet for det frie ordskifte om Atlanterhavspakten. Tilstrømningen var langt større enn lokalet ga plass til. 18 talere tegnet seg med en gang til debatten. Pressediskusjonen kom i gang.

28. januar arrangerte Kvinneligaen på ny et massemøte, der over 1300 personer var til stede. Mange måtte gå uten å få plass. På møtet ble følgende uttalelse fremsatt av formannen for landsstyret i norsk gruppe av I.K.F.F., lektor Asny Alnres, vedtatt mot ca. 50 stemmer:

"Vi ønsker ikke at Norge skal slutte seg til Atlanterhavspakten fordi vi mener at dette vil utdype kløften mellom øst og vest, og dermed øke faren for krig, fordi det vil splide Norden og skape splittelse i det norske folk, fordi det vil bety et mistillitsvotum til De Forente Nasjoner.

Vi mener Nordens oppgave er å gå foran i arbeidet for en fredelig løsning av alle mellomfol- kelige konflikter og styrke De Forente Nasjoner.

Hvis forhandlingene med våre skandinaviske naboland om en felles linje ikke skulle føre fram, må Norges videre skritt nøye overveies, og det må gis god tid, slik at alle forhold kan bli klarlagt."

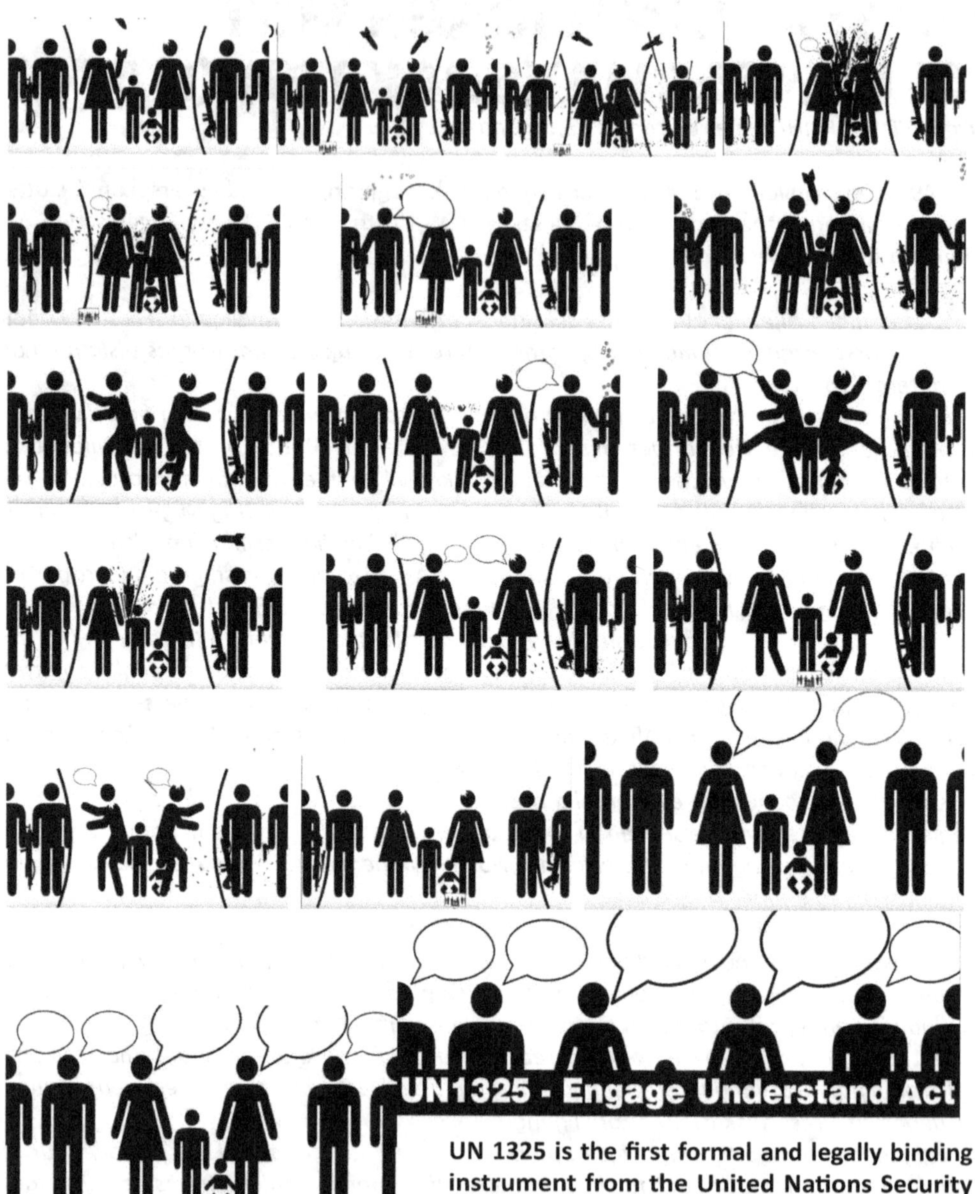

UN 1325 is the first formal and legally binding instrument from the United Nations Security Council that requires parties at war to: Respect womens rights, Protect women and girls in conflict, Increase the influence of women in decision making and peace negotiations, and involve women in post-conflict rebuilding.

FN-RESOLUSJON 1325 - KVINNERS DELTAGELSE I FREDSPROSESSER

Alle FNs medlemsland er forpliktet av Sikkerhetsrådets resolusjoner. I resolusjon 1325 blir regjeringene pålagt å øke kvinnerepresentasjonen i alle konfliktløsningstiltak og fredsforhandlinger. FN skal øke kvinneandelen i sine fredsbevarende styrker og kvinners perspektiver skal innarbeides i gjenoppbyggingsprogrammer etter krig og konflikt. Videre anerkjenner resolusjonen betydningen av lokale kvinners fredsinitiativ herunder kvinner fra urbefolkningsgrupper.

INGEN FRED UTEN KVINNER

„Sikkerhet er for viktig til å overlates til menn" Publisert 19.02.2015

Refleksjoner rundt ny handlingsplan for FNs sikkerhetsrådsresolusjoner om kvinner, fred og sikkerhet, februar 2015.

Jeg var på et veldig viktig møte 16. februar på Oslo Litteraturhus; Erna *(Solberg, statsminister, red.)*, Børge *(Brende, utenriksminbister)*, Ine *(Eriksen Søreide, forsvarsminister)*, Anders *(Anundsen, justisminister)* og Solveig *(Horne, barne-og familieminister)* var der, men NRK dagsrevyen prioriterte ikke nyheten i sin sending på kvelden. Dette møtet handlet om Regjeringens nye handlingsplan for "kvinner, fred og sikkerhet", men panelet hadde klart å vri det til å være noe som skal skje i 5 utvalgte land, Afghanistan, Colombia, Myanmar, Palestina og SørSudan. Alle glemte å informere om at det er en fredsagenda i FNs sikkerhetsresolusjoner som forebygger voldelige konflikter og involverer kvinner, OGSÅ i Norge, i sikkerhetsspørsmål på en ny måte.

Fikk heller ikke stilt dem spørsmålet mitt: "Hvorfor skal vi lære barn at de ikke skal løse konflikter med vold, når Norge er den flinkeste eleven i NATO-klassen og bidrar til å utøve vold som skaffer oss nye fiender for hver dag som går?"

Med oppgitt hilsen *Elisabeth Kristiansen. IKFF Oslo og Akershus.*

Dette panelet stilte og NRK dagsrevyen prioriterte ikke nyheten i sin sending på kvelden. Alle har et ansvar for å formidle en fred og forsoningsvilje!

FNsambandet lister opp kvinner i fredsforhandlinger

• I de 16 pågående fredsoperasjoner (ledet av FNs avdeling for fredsoperasjoner, DPKO) er 6 ledet av kvinner: Elfenbenskysten, Haiti, Kypros, Liberia, Sør-Sudan og Vest-Sahara. (Prio, 2015)

• Det finnes i dag 11 pågående politiske/fredsbyggingsoperasjoner (ledet av FNs avdeling for politiske spørsmål, DPA), kun 1 er ledet av kvinne: Sigrid Kaag, Spesialkoordinator for Libanon. (Prio, 2015)

• Det finnes for øyeblikket ingen kvinnelige spesialutsendinger. (Prio, 2015)

• Totalt antall uniformert personell per januar 2015: 104 496. Kvinner utgjør: 3,9% av totalen, 4,3% av militærrådgivere, 3% av soldater (tropper) 9,8% av politipersonell (Prio, 2015)

• Av dem som signerte på fredsavtalene i de samme forhandlingene var kun 2,7 prosent kvinner. Kun 8 prosent kvinner har vært med i fredsforhandlings-delegasjoner. (UNIFEM/UNWOMEN, 2010)

• FN har aldri utvnevnt en kvinne som leder for forhandlinger i en fredsprosess. (UNIFEM/UNWOMEN, 2010)

HVA NÅ?

Anything War Can Do
PEACE CAN DO BETTER
rawforbeauty.com

2015: WILPF MANIFEST, KORT-VERSJON
v/ IKFF-Sandnes

Innleiing

Me stadfestar våre formødres tru på at kvinner har spesielle interesser i og evner til å stansa krig. Me vil stansa krig ved å fokusera på årsakene til krig:

Militarisering av samfunnet. Ein vil helst møta farar med våpen, ikkje ord.

Vår globale kapitalistiske økonomi fungerer urettferdig og fører til utbytting av arbeidsfolk og øydelegging av naturen.

Dagens system av nasjonalstatar er prega av store statars dominans og imperialisme. I tillegg til manglande/mangelfullt demokrati fører det til konfliktar.

Sosiale system med rasisme, kulturell dominans og religiøse hierarki.

Patriarkalske system med underordning av kvinner, kjønnsroller prega av dominerande menn og medgjørlege kvinner.

Desse faktorane verkar saman og forsterkar eit maktsystem bygd på vald.

Før hundre år til har gått vil me streva for å oppnå:

Fullstendig global nedrustning

Eit økonomisk system som skaper velferd for alle

Multilaterale organisasjonar som kan mekla mellom statar og garantera internasjonal lov.

Demokrati på alle nivå.

Sosiale system som ikkje favoriserer folk p.g.a fysiske kjenneteikn, kultur eller religion.

Slutt på mannsdominansen.

Vald er ikkje uunngåeleg. Me vel ikkje-vald som mål og metode.

Den hundreårige visjonen.

På 100-årsdagen 28. april vil me minnast og æra våre grunnleggjarar og feira at me har overlevd med vedvarande engasjement for idealet vårt: å oppnå varig fred med rettferd og fridom. Me gjentar prinsippa og målsettingane til våre formødre - dei er like relevante i dag.

Me er bestemte på at IKFF skal veksa og bli meir effektivt. Me vil mobilisera kvinners energi verda over for å fjerna militær tenkemåte, militarisering og krigspraksis. Me vil kjempa for kvinners fulle deltaking i samfunnet. Me vil frigjera kvinners kraft til å stansa krig.

Kort historikk.

Midt under første verdskrig, i april 1915, møttest 1136 kvinner i Haag, bare ca. 15 mil frå slagmarka. Dei var opptekne av å skapa fred, ikkje av å plassera ansvar på ulike krigsaktørar. Målet var å finna forhandlingsløysingar som kunne enda krigen. På lang sikt ville dei finna fram til og fjerna årsakene til krig. Dei sende utsendingar til statsoverhovud i fjorten land, men blodbadet heldt fram, til seksten millionar hadde døydd, soldatar og sivile.

Mens politikarane forfatta fredstraktaten i Paris, møttest fredskvinnene igjen, denne gong i Zürich. Her vedtok dei namnet på organisasjonen, Women's International League for Peace and Freedom, og det blei etablert eit permanent kontor i Geneve. Dei kritiserte dei strenge vilkåra Versailles-traktaten gav Tyskland, i det dei advarte om at dette kunne danna grunnlaget for ein ny krig. Organisasjonen vedtok m.a. desse målsettingane: a) nedrusting b) slutt på obligatorisk militærteneste c) etablering av permanente internasjonale meklingsinstitusjonar.

I 1924 skisserte IKFF visse økonomiske sider for framtida. Dei slo fast at verdsfreden er avhengig av verkeleg likheit mellom land. Derfor måtte kolonialismen avskaffast, og dessutan måtte hava koma under internasjonal kontroll.

Organisasjonen.

IKFF har avdelingar i 30 land. Avdelingane vel ein representant til IKFFs internasjonale styre (Board). Desse deltar på styremøta og på Kongressen, som er IKFFs øverste organ. I tillegg har ein ulike, skiftande komitear som arbeider med spesielle saker. Eit internasjonalt sekretariat, leia av ein generalsekretær, har kontor i New York og Geneve. IKKF samarbeider med akademikarar som studerer internasjonale spørsmål og krig-fred-problematikk o.l. Dessutan samarbeider me med ulike kvinne-, freds- og menneskerettsgrupper, og IKKF har status som rådgivande NGO i FN.

DAGENS ARBEIDSPROGRAM:

Tre hovudfokus:

1) Utfordra militarismen

2) Investera i fred/motarbeida årsakene til krig

3) Multilateralisme (i praksis styrka FN)

---

1) Militarismen.

Status for perioden 2000-2015: Krig og konfliktar har på verdsbasis ført til 55 000 døde. Militærutgiftene har stege med omlag 1,7 billionar(trillion), d.v.s. 236 dollar pr. verdsborgar, inkl. barn. Våpensalet har auka med 1/3. Ni land har til saman meir enn 16 400 atomvåpen. 39 land har verneplikt. Dette skadar samfunna; det fører til maskulinisering og svekking av viktige verdiar.

"Reaching Critical Will" er IKFFs database med informasjon til bruk i lobbyarbeid. Det er viktig å problematisera sjølve begrepet "sikkerheit"; ein må fokusera på sikkerheit for innbyggjarane, ikkje for statane. Me argumenterer for å overføra militærutgifter til sosiale tiltak, og me avslører "det militærindustrielle kompleks". IKFF tilfører eit feministisk perspektiv, nemleg at dagens rådande kjønnsroller er ei viktig årsak til krig og konflikt. Mannsdominansen heng saman med klasseskilje og rasistisk dominans der somme grupper og statar dominerer andre.

2) Investera i fred.

Dei grunnleggjande årsakene til krig ligg i våre sosiale, kulturelle og økonomiske strukturar. Fysisk vald er ofte reaksjonar på "strukturell vald". Her er enorme forskjellar mellom ulike land, grupper og individ. Dei 10% rikaste eig 86% av verdas verdiar mens 1,3 milliardar lever i ekstrem fattigdom. IKFF argumenterer og kjempar for eit bærekraftig og rettferdig økonomisk system som sikrar demokrati og menneskerettar. For å oppnå dette er det viktig å styrka internasjonal lovgiving. IKFF har vore ein viktig pådrivar for FNs resolusjonar om kvinner, fred og sikkerheit og er nå "vaktbikkje" for at resolusjonane skal bli sette ut i livet.

3) Multilateralisme

FNs grunnleggande prinsipp blir i dag brotne. Dei fem faste medlemmene i Sikkerheitsrådet misbrukar rådet til å fremja eigne strategiske interesser. Rådet oppfyller ikkje artikkel 26 i FN-pakta, som seier at det skal sikra nedrusting. Til skrekk og sorg for fredsrørsla signerte i 2008 FNs og NATOs generalsekretærar ei felles erklæring om samarbeid. FN-charterets kjernepunkt, å sikra velferda til alle menneske, blir dermed pervertert. NATO, som er ein aggressiv militærallianse av mektige statar, blir prioritert.

IKFF fekk tidleg rådgivande status i FN etter artikkel 71 om Det sosiale og økonomiske råd. IKFF informerer og påverkar diplomatar og regjeringsmedlemmer med sikte på at FN skal ta sine grunnleggande prinsipp på alvor. Me tilfører eit feministisk perspektiv i saker om fred og nedrustning, og i saker som gjeld kvinner, peikar me på militarismens rolle. Me presser på for å få gjennomført FNs konvensjon om diskriminering av kvinner. Ved Geneve-kontoret blir arbeidet sikta inn mot FNs menneskerettsråd.

FRAMTIDA.

Samanlikna med 1915 står me i dag overfor mange nye utfordringar. Folketalet i verda er tredobla, og produksjonen har auka endå meir. Den vitskaplege utviklinga har vore enorm, og den globaliserte økonomien har m.a. ført til mektige multinasjonale selskap.

Hindra våpenutviklinga.

Det viktigaste er å få fjerna atomvåpna. Men ny våpenteknologi blir utvikla, og det gjeld å avsløra dei og hindra at dei blir tatt i bruk. Overvakingsdronar blir brukt av mange land. Dronar med våpen er alt tatt i bruk av USA, Storbritannia og Israel. Me veit at robotdronar er utvikla på teiknebrettet. Biologiske og kjemiske våpen er forbodne, men lovene blir brotne. Med internett har me fått faren for angrep og sabotasje på datasystem.

Konfliktar mellom og innan statar.

Nasjonale ambisjonar for kontroll av territorium, ressursar, marknader og folk vil halda fram. Vestmaktene føler i dag sin dominerande posisjon truga av framveksande økonomiar, som Kina, Brasil, India, Sør-Afrika og Russland. Grupper utan kontroll over det politiske systemet, vil pressa på for å få det. Konfliktar og katastrofar vil skapa flyktningar, som må sikrast menneskerettar. Truleg blir det meir vanleg at private selskap får kontraktar på militær- og politioppgåver, noko som hindrar demokratisk kontroll av militærvesenet. NATO er eit aukande trugsmål, med mål om å forsvara Vestens, spesielt USAs interesser. Den og andre militærpakter må avskaffast, og "utanlandske basar" leggast ned. Me må utdanna og trena i ikkje-vald og fred og forbetra mekanismar for forhandling og mekling.

Å oppnå demokrati.

Verkeleg demokrati, eit inkluderande, representativt og ansvarleg styre, er absolutt nødvendig for fred. Viktige utfordringar for demokratiet: 1) sikra media som er uavhengige av både politikarar og store selskap, 2) hindra korrupsjon, 3) hindra økonomisk press på politikarane. 4) Store folkeforflyttingar fører til spenningar mellom majoritet og minoritetar, som kan gi auka ekstremisme.

Kvinner har mykje å tena på og mykje å bidra med i å endra måten makt blir utøvd på. Styring må desentraliserast og demokratiserast, og folk må engasjerast i nabolag og lokalsamfunn. I framtida må me læra oss samarbeid og kollektiv handling på alle nivå. Me treng demokratirørsler som samlar ulike deltakarar på tvers av nasjonale og andre grenser.

Bortanfor kapitalismen.

I dagens nyliberalistiske fase av kapitalismen har finansinstitusjonar og multinasjonale selskap blitt så mektige at statar og regjeringar ikkje klarer kontrollera dei. Tvangsarbeid og slaveri er utbreidd. IKFF har alltid hatt som mål -ved ikkje-valdelege metodar- å oppnå revolusjonære endringar som fører til sosial og økonomisk rettferd. Men verda har erfart at statar som tok kontroll over produksjonsmidla, ikkje gav makt til folk flest. Utfordringa er å arbeida for trua på "ei anna verd er mogleg" og utvikla metodar for å oppnå dette. Vårt potensiale som arbeidarar, forbrukarar og brukarar må mobiliserast til å motstå dagens økonomiske praksis. Eigarskap må spreiast, og tendensen til å gjera alt om til ei vare motarbeidast. Det krevst kreativt arbeid og solidaritet på tvers av alle slags grenser.

Øydelegging av miljøet.

Seinare tiår har gjort oss klar over ein ny fare: Global oppvarming og øydelegging av mange økosystem. Det vil bli fleire miljøflyktningar, og konkurransen om naturressursar vil auka, mellom statar, grupper og selskap. Militarismen er i seg sjølv til stor skade for miljøet. Bærekraft og fred går hand i hand. Atomkraft - dyrt og farleg - er ikkje noko løysing på klimaproblemet. Atomreaktorar har hatt ulykker, og dei er sårbare for angrep. Oljeselskapas bruk av "fracking" og rushet mot Arktis er farleg. Trygge fornybare energiformer er alt nå konkurransedyktige i pris. Det er livsviktig at desse blir tatt i bruk.

Den kjønnsdelte arbeidsdelinga har opp gjennom historien gjort at kvinner i dei fleste samfunn har drive med sanking av nøtter m.m, grønnsakdyrking og omsorg for dyr og barn. Målet vårt er at kvinners kunnskapar og dyktigheit må verdsettast høgare og bli sett på som viktige bidrag til fred.

Me registrerte patriarkalske verdiar som grunnleggande årsak til miljømessig utnytting(øydelegging). Desse verdiane, som ser på kvinner, barn og natur som ting ein kan eiga, kolonisera, forbruka og tvinga til å gi etter og til å formeira seg, tillet denne omfattande forsøplinga og øydelegginga av jorda og undertrykkinga av menneske. Innføring av feministiske verdiar er avgjerande for å lækja planeten vår.

(Rapport frå miljø-arbeidsgruppa på IKFFs kongress 1989)

Endring av kjønnsroller.

Det er ennå langt til full likestilling mellom kvinner og menn. Det er store variasjonar i graden av og måten kvinner blir undertrykte på, men kvinners underordning blir ofte forsterka av fysisk og seksuell vald. IKFF held fram arbeidet til formødrene; likestilling er nødvendig for fred. Når kvinner oppnår maktposisjonar, er det viktig at dei ikkje overtar "mannsrolla", men omformar måten å utøva makt på. Me vil streva mot å gi komande generasjonar av kvinner andre rollemodellar å velja mellom enn dagens to dominerande:

a) den som autoritære religiøse strukturar står for eller

b) det overseksualiserte idealet som kommersialismen presenterer.

Dagens rollemønster skadar både menn og kvinner. Mannsrolla er prega av kamp og konkurranse, kvinnerolla av empati og tolmod. Målet vårt er at kjønnsrollene skal vera prega av partnarskap, ikkje av maktrelasjon.

Intelligent organisering.

For å møta komande utfordringar treng IKFF å auka medlemstalet, spesielt i "Sør", i fattige land i Asia, Afrika, Stillehavsøyane og Latin- Amerika. Me må stadig skaffa pengar for å støtta deira utvikling, og for å sikra eit sterkt internasjonalt sekretariat. Sekretariatet treng dyktige og kunnskapsrike kvinner med praktisk sans og politisk innsikt. Dei må lytta til klokskapen som kjem frå grasrota, knyta saman aktivitetane i ulike seksjonar og representera dei på internasjonalt nivå. Me må vera på topp når det gjeld data-teknologi for å vera til stades "på nettet" så vel som på gata og i media. Me må samarbeida med freds- og kvinneorganisasjonar for å skapa ei samla, felles røyst mot krig, så sterk at den ikkje kan ignorerast.

Etter som IKFF blir eldre, treng me yngre medlemmer. Som hundreåring kallar IKFF på morgondagens medlemmer. Me tenkjer oss at de kanskje bur i "Sør" eller tilhøyrer minoritetar i "Nord". Me oppfordrar til organisering, på skular, universitet, arbeidsplassar eller landsbyar. Kom med dine kunnskapar om dagens utfordringar, dine datakunnskapar, din livl.gheit, din energi og ditt håp!

FREDSKULTUR VS FORSVARSKULTUR

v/ Hermien S. Prestbakmo, IKFF-Troms (f&f)

Kvinners makt kan stoppe krig var tittelen på 100-års-markeringen for Kvinneligaens internasjonale konferanse i Haag i april 2015. Ca 1000 kvinner fra 80 land var enige om at krig aldri fører til fred – og at utgiftene til det militære kompleks overgår all saklig fornuft – når kloden står overfor de problemene og utfordringene vi har i dag.

Dog - vi står overfor enormt sterke krefter - en 7000 årig maskulin kultur hvor KRIG har vært og fortsatt er normen for å løse konflikter og som også ofte er en tradisjonell manndomsprøve på mot, kraft og makt.

* Vi står overfor en våpenindustri som har penger, makt og skaffer millioner av arbeidsplasser.

* USAs våpenindustri er viktig for amerikansk økonomi. USA har behov for en krig med jevne mellomrom for å få brukt og solgt sine våpenprodukter. Norge trenger fiendebilder med den økende våpenproduksjonen vi har. Våpen vi stort sett selger til land med svak økonomi og med mye konflikt.

*Norsk forsvar- og sikkerhetspolitikk er spikret og NATO er garantisten for å trygge VÅR sikkerhet.

Begreper som IKKEVOLD og NEDRUSTNING hva angår å se alternativer til krig – at satsing på andre verdier og andre metoder for å oppnå en fredelig verden - er ikke-tema i sikkerhetspolitikken. Utenrikspolitikken sammen med forsvarspolitikken ligger fast – hos oss som i alle NATO land.

Vi har et Forsvarsdepartement – ikke et Fredsdepartement. Vi har en Forsvarsminister og Forsvarssjef – ikke en Fredsminister . Vi har en militær forsvarskultur, men ingen vedtatt fredskultur. Vi har militær verneplikt for alle unge, ikke et valg for ungdommen mellom militær tjeneste eller sivil fredsfremmende tjeneste .

Hva mener vi så med begrepet Kvinners Makt kan stoppe krig !?

Vi erfarte i Haag hvordan kvinner verden over er sinte, frustrerte og oppgitte over at krig fortsatt skal være det middel verdens maktmennesker tyr til for å løse konflikter. Kvinner vil STOPPE galskapen:

- Ikke mer våpen til unge menn som løper rundt og skyter vilt og syns de er kjekke og modige.
- Ikke flere DRONER som dreper på måfå.
- Ikke mer atomvåpen som kan utslette store deler av verden.
- Ikke mer massevoldtekt som krigsstrategi eller voldtekt uten straff.
- Ikke flere barnesoldater eller trakasering av befolkninger i fredens- eller Guds navn.
- Kvinner vil ikke lenger være offer, men utøvende motstandere av krigshysteriet og våpenindustrien
- Kvinner vil utfordre maskulinitetens tankegang hvor makt-over-andre står sentralt og hvor drap, voldtekt, lemlesting og ødeleggelser er tilltatt maktbruk - i «fredens tjeneste».

Det verden trenger er **å bygge FREDEN**. Bygge fred med skolegang for alle, helse, mat og rent vann til alle. «Tusenårsmål 2015 – 2030» har dette som mål i sine 17 punkter, men pengene mangler. Når KRIG er i emning mangler aldri penger, og avtaler gjøres gjerne over SMS for rask gjennomføring. Humanitære tiltak derimot tar lang tid – og oftest blir det hverken enighet eller penger. Dette vil mange kvinner – og menn – ha en slutt på. Vi vil ikke lenger styres av en maskulin kultur som har makt over andre som høyeste mål. Verdens kvinner er i dag så sterke, ofte med god utdannelse og gode taleevner og ikke minst stort MOT, at en unison kvinnemakt vil kunne stoppe krig som konfliktløser i fremtiden.

Fredskultur – Hva er det ?

Fredskultur er for mange å megle i konflikter. Våre fagfolk og ambassadører kan være meget dyktige meglere, men da er allerede konflikten i gang og har ofte vart lenge. I så henseende vil noen si at Norge er en Fredsnasjon. Men **Fredskultur** er noe langt mer.

Da Ingeborg Breines jobbet i UNICEF under Frederico Major i 1990-årene og viste til at *KRIG tar utgangspunkt i menneskets sinn* og kan avvikles – HVIS vi ønsker, så ble det laget et konsept på hva fredskultur er - en felles paraply for alle som arbeider med nedrustning , likestilling, ikkevold og fredsundervisning, - et konsept som var meget godt gjennomarbeidet og progressivt, men som ikke fikk aksept hverken innenfor UNESCO eller FN. Det er lagt på is innen verdens institusjonene, men ikke for Ingeborg og hennes samarbeidspartnere IKFF/ WILPF og IPB (Int. Peace Bureau). Derfor var det hovedbudskapet for WILPF i Haag hvor IKFFs leder Margareth Tingstad ble valgt inn som visepresident i hovedstyret. Fredskultur vil stå høyt på agendaen i WILPFs program de neste årene – for å få fredsbygging og ikkevold på den internasjonale agenda for fred, miljø og utvikling. Bla. ved å ta fredelig kommunikasjon og ikkevoldsmetoder inn i skoleutdannelsen og inn i dagliglivet som alternativ for å stoppe vold og å fremme fredelige løsninger på konflikt og uenighet.

Der står ordets makt sterkt. Ikke provoserende ordbruk – ei heller arroganse. Hele tiden å ha den andres synspunkt for øyet – selv om deres argumenter er uakseptable for oss. EMPATI er en helt nødvendig egenskap innen fredskulturen – likeledes begrepet VERDIGHET. Som Evelin Lindner sier – ydmykelse er årsaken til all krig – man ydmyker ikke hverandre i en fredsbyggende dialog, men tvert om – viser respekt og verdighet selv om uenigheten blomstrer. Sivil ulydighet er også noe som skal inngå i en hver ikkevoldstrening. Sivil ulydig-het er et sterkt middel – tenk bare det å snu ryggen til hvor effektivt det er. Metodene er mange og de må læres! Det samme med fredelig kommunikasjon – det må læres, for det vanlige er hets og hat som vi ser så mye av i dag bla på internett. Det er naivt å tro at folk blir snillere av å bli bombet - bombet med ord, via effektiv krigshandling - eller av droner.

Forhandlinger og forhandlings teknikk er selvsagt og det gjøres det mye av i dag, med gode resultater. Kanskje det aller viktigste vil være å gjøre politikere og ikke minst befolkningene bevisst på hva KRIG koster – i penger og lidelser. At alle som arbeider med våpenproduksjon og fremmer våpeneksport er kriminelle personer – de er drapsansvarlige, potensielle mordere.

Verden bruker i dag 1.750.000.000.000 dollar på å opprettholde militære installasjoner som militære baser verden over, krigsmateriell, militær opprustning og soldater i beredskap og i aktiv tjeneste. Det er 4 ganger så mye som verdenssamfunnet betaler til FN. FN står uten midler til å behandle flyktningestrømmen fra krigsherjede land, og vi som har forårsaket mye av denne enorme katastrofen toer våre hender og fraskriver oss ansvar.

Hver av oss 7.5 milliarder mennesker – gamlinger som babyer – betaler hvert år 236 USD = ca. kr 2000,- til «det militære» - på verdensbasis. Er det rart mange krever «militærskatten» som fradrag ?

Verneplikten

Merkelig nok så propaganderte og stemte nesten alle partiene på Stortinget FOR verneplikt for alle – også for kvinner – og fikk stor støtte fra de fleste kvinneorganisasjonene. De så det som et likestillings- så vel som likeverdsprosjekt – og kvinner er viktig for Forsvaret. Det var ikke snakk om valg – kun militær sesjon for alle slik at Forsvaret kan plukke ut «de beste». Hva om samfunnet krevde at ungdommen vår skal kunne velge. Almen verneplikt går vi for, men da med et demokratisk valg – militær tjeneste eller sivil fredstjeneste. Militær tjeneste hvor en lærer å slåss og får «fagbrev i å drepe» - eller en likeverdig utdannelse i å bygge fred gjennom en fredsskapende kulturutdannelse. Lik tjenestetid, like muligheter og lik lønn, med VALG for hvilken verneplikt ungdommen vår skal gjennomgå. Ikke alle ønsker å lære om militær tankegang, også de skal ha et VALG! Er ikke det rimelig – bør ikke det være et alternativ for partiene våre og ungdommen vår ?

§ 1325 og FN

I år 2000 undertegnet FN resolusjon 1325 som skulle betinge at kvinner var med i alle fredsbyggende prosesser – og var med i alle FN-delegasjoner og komiteer. Den var fremforhandlet av verdens fredskvinner og ble signert av de fleste FN-land. Seks år etterpå oppdaget NATO § 1325 og syns den var flott – flere kvinner inn i NATO styrkene. En egen stilling - en norsk militærkvinne - ble opprettet for å etablere 1325 som et krav i alle NATO-land. NATO trengte kvinner i sin krigspropaganda og ikke minst i sine kriger i Afghanistan og andre muslimske land. Kvinnelige soldater skulle nå sivilbefolkningen med «Hearts and Minds». Det opprinnelige motivet om kvinner i fredsbyggende prosesser er nesten borte. At de kvinnelige soldatene i sine robotuniformer ikke nådde frem, det ties i hjel. Dog - våre meglerdelegasjoner er flinke til å kreve at begge sider stiller med kvinner i forhandlingene – kvinner skal være med i enhver meglingsprosess. Der er Norge flinke.

Et annet sted Norge er dyktig, er i Nordområdene. Der samarbeider vi godt og fredelig med våre Nordiske partnere inkl. Russland. Det er et lyspunkt. La oss fortsette med det.

Så får verdens kvinner og menn ta opp kampen mot det militære kompleks. Det er ingen lett oppgave, men som Fridtjof Nansen sa allerede i 1922: Krig skyldes menneskets vilje. Ikke naturkatastrofe.

Det er på tide vi mennesker gjør noe med det og sier STOPP med galskapen !

3 x K:
KONSTRUKTIVT
KREATIVT
KONKRET

Til
AKSJON MOT JSF
v/ Internasjonal Kvinneliga for
Fred og Frihet
Strandkaien 6
5013 Bergen

AKSJON MOT JSF

Til Presidenten for Det Norske Storting!

Med regjeringens planer om å **anskaffe 56 JSF bombefly** vil Norge kunne bli satt i spissen for Nato-aksjoner etter dette.

Mål om overvåkning av Nordkalotten, vern av fiskeriinteresser, oljeressurser og arbeidsplasser må skje med helt andre midler enn med luft-til-bakke-bomber.

Vi ber om en grundig utredning om hvorfor vi skal ha disse flyene. I stedet for å bidra til en opprustningsspiral trenger vi en **åpen debatt** om alternative forsvarsløsninger.

Med vennlig hilsen

....
Navn

....
Dato, Sign. Adresse

DAGSAKTUELLE INITIATIV

tatt av IKFF-medlemmer under Hardangerakademiets symposium 2015:
Nei til udemokratiske investerings- og handelsavtaler som TTIP, TISA, bilaterale handels-
avtaler
Nei til atomubåter i Hordaland

Hardangerakademiets sommersymposium har vært en stor årlig vitamin-innsprøytning og inspirasjonskilde. I samtaler og diskusjoner får vi drøftet verdens tilstand, og prøver å finne måter å bidra med konstruktive innspill, som for eksempel gjennom brev til våre folkevalgte, postkortaksjoner og leserinnlegg i ulike aviser. Det er viktig at vi finner måter å bruke ord og kunnskap i konkret handling.

Flere viktige initiativ er det konkrete resultatet av IKFF-initierte workshop under Nordisk Fredsakademi/ Hardangerakademiet sine sommersymposier:
* Postkortaksjon mot kjøp av 54 Joint Strike Fighter JSF-bombefly 2011, 2012.
* Norges Fredsfond (2012)

Også andre WILPF-avdelinger jobber på dette viset; her et eksempel:
* Ingen amerikanske våpen til Ukraina! (Opprop fra WILPF USA feb. 2015)

Det er viktig å si nei til militarisering og opprustning - men det er best og hyggeligst - og kankskje har det også mest positive ringvirkninger når vi klarer å løfte våre protester til å bli konstruktive løsningsforslag. Derfor engasjerer IKFF seg for eksempel FOR et uranvåpen-forbud, framfor bare å kalle arbeidet "Nei til Uranvåpen".
Slik sett har Norges Fredsfond et virkelig stort positivt potensiale, ved å gi drahjelp til ulike konkrete fredsbyggingsprosjekter.

AKSJON MOT JSF JAGERFLY

• Postkortaksjon mot kjøp av 54 Joint Strike Fighter JSF-bombefly, der hundrevis av postkort ble sendt til representanter i utenriks- og forsvarskomitéen; 365 postkort, ett for hver dag i året ble overlevert under en markering foran Stortinget, okt. 2011.

HVA er et godt forsvar i vår tid?
Vi trenger et forsvar mot global oppvarming, mot
miljøødeleggelser og urettferdighet. Krig og opprustning
skaper ikke en trygg framtid, men ødelegger vår Jord.
Samtidig som 40.000 mennesker dør av sult hver dag,
sløser vi bort enorme ressurser på våpen.
Over skatteseddelen bidrar du og jeg til å kjøpe 52
bombefly for ca. 130 milliarder nkr. over 30 år.
**Hva med å satse 2% av kostnadene for JSF
Joint Strike Fighter-bombeflyene på fred,
utvikling og miljø?**
Internasjonal Kvinneliga for Fred og Frihet - Bergen

Henri Rousseau – Le rêve/ Draumen

Til

FLYKTNINGER ELLER KAMPFLY?

Leserinnlegg på trykk i Sandnesposten 17.11.2015. IKFF avd. Sandnes v/ Ingegerd Austbø

Rikspolitikerne strever med å komme fram til et flyktningeforlik, altså hvordan man skal finansiere mottaket av alle flyktningene som kommer hit. Regjeringen har lagt fram et forslag på 9,5 milliarder, mindre enn 1% av statsbudsjettet. Forslaget innebærer at nesten halvparten skal tas fra bistandsbudsjettet, noe som betyr dramatiske kutt i mange langsiktige prosjekter. Derfor samlet de fleste bistandsorganisasjonene seg til protest ved Stortinget onsdag 4. november. Bl.a. peker de på at det vil ramme støtte til grasrot organisasjoner i mange land, organisasjoner som jobber med kvinners stilling, menneskerettigheter og styrking av sivilsamfunnet. Dette er jo saker regjeringen sier den støtter. Dessuten betyr det en rasering av informasjonsarbeidet organisasjonene driver overfor det norske folk. Denne informasjonen er viktig, for den gir en grundigere og mer allsidig kunnskap om ulike land enn det vanlige nyhetsmedia gir.

Det er kortsiktig å kutte i langsiktig bistand for å løse et akutt problem, for langsiktig bistand kan på sikt forebygge krig og konflikter. Som fredsorganisasjon fraråder vi dette på det sterkeste. Regjeringen er nok redd for protester dersom de skulle kutte i velferdsbudsjettet vårt.

Det er lettere å kutte i støtte til de som bor langt borte. I begge tilfeller vil det være, som så ofte, å sette svake grupper opp mot hverandre. Finnes det ingen andre muligheter? Hva om vi gjorde som Canada og omgjorde avtalen om kjøp av F-35 kampfly? Norge har bestilt over femti av disse dyre og omstridte flyene. Pr i dag er prisen beregnet til godt og vel 250 milliarder kroner. Noen fly fra eller til betyr vel ikke så mye for forsvaret, men det kan bety en del for flyktningene. Det er meningsløst å bruke så mange ressurser på fly som vel ikke kan brukes til annet enn å skape slike forferdelige forhold som krigsflyktningene nå rømmer fra.

Medlemmene i WILPF Norge/ IKFF avd. Sandnes slutta massivt opp om styremedlem Ingegerd Austbøs uttalelse "Flyktninger eller kampfly?" og vedtok å sende det til avisene i regionen som et meningsinnlegg.

Vil det demre i Norge? Australia utsatte sitt flykjøp i 2013 grunnet dårlig økonomi. Canadas nyvalgte statsminister kansellerte flykjøpavtalen straks han tiltrådte høsten 2015.

TTIP, TISA:
NEI TIL UDEMOKRATISKE INVESTERINGS- OG HANDELSAVTALER

Brev sendt til Stortingsrepresentantene:

Jondal 1. august 2015

Regjeringens forslag til modell for investeringsavtaler som inneholder en investor-stat tvisteløsning med høringsfrist 14. august baner veg for andre store og «irreversible» internasjonale avtaler som TISA (Trade in Services Agreement) og TTIP (Transatlantic Trade and Investment Partnership).

Felles for de nye investerings- og handelsavtalene er at de er basert på ensidige og rigide økonomiske prinsipper som setter profitt, konkurranse og økonomisk vekst foran alle andre hensyn, definerer mennesker utelukkende som konsumenter og kunder, og fremmer en kommersialisering av alle samfunnsområder. Slike avtaler vil ytterligere øke makten til store multinasjonale selskaper og finansinstitusjoner, true demokrati og menneskerettigheter, og gjøre oss ute av stand til å takle klimakrisen.

Med regjeringens forslag til modell for investeringsavtaler som ble lagt ut 13. mai 2015, vil det opprettes en investor-stat tvisteløsningsordning i de bilaterale investeringsavtalene som Norge inngår. Dersom modellen for investeringsavtaler blir innført, vil den undergrave demokrati og sjølråderett og overføre stor makt over norsk politikk, økonomi og samfunnsliv til multinasjonale selskaper og utenlandske investorer.

Internasjonal Kvinneliga for fred og frihet anmoder om følgende:

- At regjeringen umiddelbart offentliggjør alle dokumenter i TISA-forhandlingene
- At Norge umiddelbart trekker seg ut av forhandlingene om TISA.
- At Norge ikke knytter seg til TTIP-avtalen og tar et aktivt standpunkt overfor EU mot TTIP.
- At Norge ikke oppretter investor-stat-tvisteløsningsordninger som del av internasjonale investerings– og handelsavtaler.
- En rettferdig handel som er basert på menneskerettigheter, demokratiske prinsipper og som er økologisk bærekraftig.

BAKGRUNN:

Norge forhandler sammen med 50 andre land om en internasjonal avtale for handel med tjenester, TISA, som vil presse fram og sementere konkurranseutsetting og privatisering av offentlige tjenester. Avtalen forhandles i hemmelighet og hverken sivilsamfunnet eller Stortingspolitikerne har innsyn i prosessen. Det meste vi vet om TISA er informasjon som har kommet gjennom lekkasjer.

TISA har som mål å åpne opp tjenestesektorer for konkurranse fra multinasjonale tjenestekonsern og gjøre tjenester til en global handelsvare. TISA vil åpne opp for konkurranseutsetting og privatisering på alle tjenesteområder der det ikke eksisterer et rent offentlig monopol. I Norge er det kun politi, forsvar, brannvesen og rettsvesen som ikke vil bli omfattet av TISA-avtalen.

TISAs prinsipp om såkalt likebehandling vil gjøre det forbudt for nasjonale og lokale myndigheter å beskytte offentlige, ikke-kommersielle og lokale aktører gjennom reguleringer og subsidier. Lover og reguleringer i offentlighetens interesse som anses som barrierer mot global handel med tjenester, som for eksempel personvernlovgivning på nett og regulering av finansmarkedet, vil bli truet. Videre vil avtalens frys- og skralleklausuler gjøre konkurranseutsetting og privatisering irreversibel. Når en tjeneste først er privatisert vil det ikke være mulig å ta den tilbake i offentlig drift; den vil forbli privatisert for all framtid. Dette vil innebære en sterk begrensning av det politiske handlingsrommet og vår demokratiske rett til å påvirke vår egen framtid.

TTIP: Norge kan også bli rammet av handels- og investeringsavtalen TTIP mellom USA og EU gjennom EØS og EFTA. Avtalens mål er å harmonisere regelverket i USA og EU og fjerne ikke-tollmessige handelsbarrierer. Slike handelsbarrierer inkluderer lover og reguleringer som beskytter mennesker og miljø, som arbeidstakerrettigheter, forbrukerrettigheter, reguleringer innenfor matsikkerhet, folkehelse og personvern, og miljølovgivning.

TTIP vil gjennom en investor-stat tvisteløsningsordning, ISDS, gi store multinasjonale selskaper makt til å saksøke stater og kreve milliardbeløp i erstatning for lover og reguleringer som anses å hindre selskapenes framtidige profitt. ISDS er private tribunaler som er overordnet både det nasjonale og internasjonale offentlige rettssystemet. Prosessene er hemmelige og det er ingen ankemulighet.

Slike investor-stat-tvisteløsningsordninger eksisterer allerede som en del av mange bilaterale handels- og investeringsavtaler, og de siste årene har antall søksmål økt dramatisk. Erfaring viser at demokratisk vedtatte reguleringer innenfor miljø, folkehelse, arbeidstakerrettigheter og menneskerettigheter ofte blir angrepet og stoppet. I følge en gjennomgang gjort av Friends of the Earth International, dreier hele 60 prosent av søksmålene rettet mot EU-land seg om miljøvernlovgivning.

Med vennlig hilsen

Margrethe K. Tingstad	Camilla Hansen	Susanne Urban
Landsleder IKFF	*Medlem IKFF Oslo*	*Styremedl.IKFF Bergen*
www.ikff.no www.wilpf.org		

GI FRED ET BUDSJETT!
FREDSSKATT *v/ Trine Eklund, IKFF-Oslo*

I mange land har kvinner og menn arbeidet utrettelig i årtier med å få overføre den skatt vi alle betaler til «det militære», - til fredsbygging. For oss i Norge beløper dette seg til ca. kr 4 – 5000 pr skatteyter. På verdensbasis 236 USD pr capita. Dette er penger mange ønsker overført til fredsskapende arbeid, evt. gjennom et Fredsfond. Dessverre møter vi en mur av motstand og unnskyldninger hos våre politikere, selv om Kirkeskatten lar seg overføre til andre tros- og livssyns miljøer. Derfor opprettet «Fredsskattalliansen» et eget Fredsfond (www.norgesfredsfond.no) for å støtte fredsrelaterte prosjekter i påvente av at våre politikere vil diskutere saken seriøst med oss og derigjennom også tanken om et hardt tiltrengt Fredsdepartement. Verden trenger politikere som forstår nødvendigheten av å bygge opp en fredskultur fra bunnen av – hvor nedrustning, ikkevold, dialog/kommunikasjon og forsoning gjennom megling er avgjørende elementer for å bygge opp en bærekraftig og altomfattende fred for fremtidens generasjoner.

Skatt for fred, ikke for krig! Nei til tvungen militærskatt.

Utgangspunkt for videre arbeide i Norge er rapporten "Fredsskatt: saken, historien og bevegelsen" på oppdrag av Fredsskattalliansen v/ Alexander Harang, juni 2010.

Når en regjering kan respektere borgerens rett til å nekte å delta direkte i krig, bør staten også kunne innvilge borgeren retten til ikke å betale for den samme krigen. Prinsipielt sett er det ingen forskjell på å støtte opp om krig gjennom arbeid i det militære og det å finansiere krigen. I tråd med denne tankegangen ble det for Stortinget fremmet forslag å utvide prinsippet i lov om fritaking for militærtjeneste av overbevisningsgrunner fra 19. mars 1965, slik at dette også kan inkludere økonomisk militærnekt. Det var stortingsrepresentant Hallgeir Langeland (SV) som fremmet forslaget i juni 2010. Dette skapte den eneste parlamentariske prosessen vi har hatt i Norge i fredsskattsakens anledning - hittil. Det ble ikke bifalt denne gangen.

Fredsskatt-studien viser at fredsskattbevegelsen er en betydelig bevegelse, med aktivister i en lang rekke land. Mange modeller for fredsskatt diskuteres i disse miljøene, og fredsskattkonseptet er fortsatt levende, og fortsatt under utvikling. Fredsskattbevegelsen har hittil sørget for at lovforslag om innføring av fredsskatt har blitt fremlagt i ti vestlige parlament. Siden 1980-tallet har dette skjedd jevnlig. Selv om ingen av de over femti lovforslagene om innføring av fredsskattordning har blitt vedtatt, er det mye å lære av disse lovforslagenes utforming og deres tilhørende parlamentariske prosesser. Fredsskatt-studien gjennomgår den norske militærnektloven, og ordningen med tilskuddet til tros- og livssynssamfunn analyseres som mulig mal for et fremtidig fredsfond.

Fredsskatt-studien konkluderer med at den juridiske logikken og den filosofiske konsistens som ligger til grunn for fredsskattsaken, gjør dette til en potensiell vinnersak for fredsbevegelsen.

Til slutt rettes en stor takk til de som startet kampen for fredsskatt i Norge på 1980-tallet, og som siden den tid aldri har gitt opp - blant disse særlig Bjørg Berg og Elizabeth Chapman, begge IKFF-medlemmer.

NORGES FREDSFOND <www.norgesfredsfond.no>

Norges Fredsfond administrerer frivillig fredsskatt. Formålet er å vise myndighetene at vi trenger en utvidelse av militærnekterloven. Vi er mange som av samvittighetsgrunner vil reservere oss mot at skattepengene brukes til våpen og soldater. Bidrag til Norges Fredsfond hjelper å bøte på ubalansen mellom milliarder brukt på våpen-makt og små ressurser til fredelig konfliktløsning.

**Gi fred et budsjett
Bli "fredsskatteyter", -
fyll ut avtaleskjemaet.**

Gavetips: Fødselsdager, jubiléer, konfirmasjon, barnedåp? Gi meningsfylte gaver, gi bidrag til en verden uten krig.

Slik gjør du:

• Betal ønsket beløp til Norges Fredsfonds konto 1254.20.62914. Merk betalingen "GAVE" og din e-postadresse.

• Ta en utskrift av banktransaksjonen.

• Fyll ut gavebeviset med TIL: og FRA: og beløp.

• Pakk inn gavebeviset og bankutskriften på en kreativ måte: I et rør, i en strømpe eller i fargerikt papir.

Utgangspunktet er idéen om fredsskatt. Mange, blant annet Kvekersamfunnet, Internasjonal kvinneliga for fred og frihet og Fredslaget, har ført en årelang kamp for å etablere muligheten for økonomisk militærnekt i det norske og andre lands lovverk.

Prinsipper: Norges Fredsfonds arbeidsutvalg og arbeidsrytme sørger for at der er aktiv styring og en åpen prosess på grunnlag av faglig kompetanse. Forvaltning av innbetalte midler styres av alle "skatteytere" gjennom direkte demokrati og en åpen prosess der alles innspill teller.

Årlig omsetning av forvaltningskapital: Dette er ikke et fond bygget opp av bundet kapital der forrentningen avsettes til formålstjenlige prosjekter, men baserer seg på årlig "skatteinngang" og umiddelbar benyttelse til fredsformål.

Gavebevis

TIL: ....

FRA: ....

**Gaven til deg er et bidrag til
en verden uten krig.**

kr .... er overført til Norges Fredsfond,
konto 1254.20.62914, se vedlagte bankkvittering.

Fondsmidlene skal hjelpe i gang tiltak som kan skape fred
gjennom ulike former for forsoningsarbeid.

Følg med på www.norgesfredsfond.no

FREDSDEPARTEMENT

v/ Trine Eklund, IKFF-Oslo

Norge trenger et FREDSDEPARTEMENT

Norge og de fleste land i verden, har et Forsvarsdepartement med Forsvarsminister og sjef, men ikke en Fredsminister eller Fredsdepartement.

Det er mange frivillige organisasjoner, NGOs, som arbeider med konkrete prosjekter for å bygge opp fred gjennom fredsundervisning og ikkevolds trening hjemme og ute.

Mangfoldet av fredsbyggende prosjekter som eksisterer i dag, sammen med fredsforskning og megling, trenger et eget FREDSDEPARTEMENT, som arbeider med hardt tiltrengt nedrustning, avskaffelse av A-våpen, forbud mot våpenproduksjon, kontroll over innkjøp av dyrt militært materiell og bygging av fred og demokrati i inn- og utland.

Norge har i mange år hatt en bistandsminister, men bistand må ikke forveksles med fredsbygging. Et Fredsdepartement skal være et selvstendig, nytt departement på lik fot med Forsvarsdepartementet og med samme betingelser - også økonomisk. Ikke i konkurranse med Forsvarsdepartementet som arbeider med vår sikkerhet, men i samarbeid med Forsvars Departementet - for å bygge fred og sikkerhet. Det omfattende fredsarbeide som gjøres i dag i kvinne- og freds organisasjoner, har liten støtte og har lite gjennomslagskraft i media og offentligheten. Men – er det noe som er viktigere i dagens verden enn å bygge fred og fremme forsoning? Tenk hva mennesker som Nelson Mandela, Martin Luther King, M. Gorbatsjov, W. Brandt, Kennedy brødrene, og ikke minst M. Gandhi fikk til med sin ikkevolds politikk! Politikere som hele verden beundrer. Hvorfor har vi ikke en offentlig politikk som fremmer ikkevold, forsoning og sivil ulydig som bærekraftige tiltak i konflikter og som vil fremme den fredskulturen som Norge og verden har enormt behov for – hvis demokratiet og verden skal overleve.

Det er hverken naivt eller urealistisk, men det krever mot, empati og kunnskap, og det krever at verdens maktmennesker slutter å krige for å løse konflikter, men «kaster bøker fremfor bomber» som Nobelprisvinner og jurist Shirin Ebadi fra Iran sier.

IKFF-Bergen, Pop-opp fredsdepartement under Internasjonal Uke - se også facebookgruppen "Fredsaktivisme i Bergen"

VI TRENGER ET FREDSDEPARTEMENT!

løpeseddel delt ut under Internasjonal uke/ markering av FN-dagen i Bergen, 31.10.15 i forbindelse med IKFF-Bergen sin lansering av prosjektet "Pop-up-Fredsdepartement".

Målet er å forankre fredsarbeide der det hører hjemme – sentralt, hvor politiske avgjørelser blir tatt.

Grunnlag: Fredsdepartementet skal arbeide ut fra et nytt og bærekraftig sikkerhetsbegrep, som ikke handler primært om nasjonalstater, men som ser mennesker, utvikling og vårt felles miljø i sammenheng.

Arbeidsoppgaver:

• Fredsutdanning: Metoder for ikkevoldelig konfliktløsing i skole og på universiteter.

• Omdisponering av ressurser fra militarisme til fred, miljø og utvikling.

• Rådgivning til politiske beslutningstakere.

• Nedrustning: styrke FNs internasjonale arbeid for en fredskultur

• Utredning av ikkevoldelige metoder for konflikthåndtering, på alle nivåer, også i krig.

• Forebygging av krig.

• Fremme overgangen fra en krigsbasert økonomi til en fredsbasert økonomi.

I Norge ble verdens første miljøverndepartement opprettet i 1972. Dette har styrket arbeidet for å ivareta miljøinteresser, som ofte er truet av andre samfunnsinteresser. Fredsdepartement finnes nå i flere land, blant annet Costa Rica og Nepal. I USA jobber nettverket The Peace Alliance for å opprette et fredsdepartement. Det finnes også en global bevegelse for fredsdepartement, Global Alliance for Ministries and Infrastructures for Peace.

In the world today,
we have departments of war,
departments of defense.
How about a department of peace?

Gode nettsider om fred: www.ikff.no, www.transcend.org, www.transnational.org

non-profit group the Malala Fund

INFO ARBEIDE UTENFOR MAINSTREAM MEDIA

1000 WOMEN AND A DREAM

AN ICONVENIENT TRUTH

A FORCE MORE POWERFUL

BOGOTÀ CHANGE

ENCOUNTER POINT

INTERNASJONAL KVINNELIGA FOR FRED OG FRIHET
FREDSFILM BIBLIOTEK STØTTET AV UD

IKFFF

FREDSFILMBIBLIOTEK

INTERNASJONAL
KVINNELIGA FOR FRED OG
FRIHET – AVD.BERGEN

BEYOND TREASON

BIO GEGEN DIE GRUNE REVOLUTION

BUYING TIME FOR PEACE

DER ARZT UND DIE VERSTRAHLTEN KINDER VON BASRA

FACING SUDAN

FAMBUL TOK

FLAG DAY

FIERCE LIGHT

FINSK PROGRAM OM TRANSPORT OG
CAGRING AV ATOMAVFALL SENDT NRU2

FREDSKA RUSELLENF

FRÅ HIROSHIMA

GANDHI

GENE SHARP

IRAQ IN FRAGMENTS

IRON LADIES OF LIBERIA

MAHATMA

MAKING POSSIBLE THE IMPOSSIBLE

MYSTIC IRAN THE UNSEEN WORLD

NEW URBAN COWBOY

OUTFOXED

PARADISE NOW

PRAY THE DEVIL BACK TO HELL

PRIVATE

REDEFINIG PEACE

SITRONTREET

THE AGE OF STUPID

THE MARCHING PEACEMAKERS

URANVÅPEN

WITH ONE VOICE

SHADOW OVER THE LONG WHITE CLOUD

09.09.2013

FREDSFILMBIBLIOTEKET

v/ Susanne Urban, IKFF-Bergen
et samarbeid mellom WILPF-Bergen og Bergen offentlige
bibliotek, støttet av utenriksdepartementet.
www.bergenbibliotek.no, søkeord "fredsfilm"

WILPF/ Internasjonal kvinneliga for fred og frihet, avdeling - Bergen har bygget opp en samling av fredsfilmer og tilbyr utlån til skoler, grupper og private. Vi holder oss á jour når det gjelder nye produksjoner og samarbeider med Bergen offentlige bibliotek som låner ut filmene og huser visninger.

Fredsfilm er mer enn antikrigsfilm. Fredsfim viser at
FRED er et valg om å bygge istedenfor å ødelegge.

Målgruppene våre er videregående skoler i Bergen/ lektorer i samfunnsfag, studentsenteret, Filmklubber, Cinematek, brukere av Bergen Offentlige bibliotek.

"Å forandre holdninger er aldri enkelt, men det er mulig og film er et mektig medium." - *sa Jonas Gahr Støre, som utenriksminister.*

• Hovedmålsetting med Fredsfilmbiblioteket:
Gjøre fredsarbeidet i verden synlig og lett tilgjengelig; gi motvekt til inntrykket av at "action, fart og spenning er lik vold": det er vel så tøft å kjempe for fred med ikkevoldelige midler!

• Hva ventes oppnådd på kort sikt:
Øke kunnskap om fredsrelaterte film-fortellinger: disse kan brukes i egne foredrag og gjøre IKFF kjent. Et større publikum gjennom tilbud til undervisningen for ungdommer på 16 - 19 år. Kontakt med ungdommer som kan være interessert i fredsarbeid.

• Hva kan oppnås på lengre sikt?
Gi fredsarbeide større plass ved en egen avdeling med oversikt over fredsarbeid i filmer og litteratur i Bergen Offentlige Bibliotek. En årlig markering av Verdens Ikkevoldsdag 2.okt. med gratis fredsfilmvisning på Bergen Kino? En egen årlig fredsfilm-avdeling i BIFF, Bergen Internasjonale FilmFestival?

"Noen ganger kan en 3 minutter lang film fortelle mer enn 700 sider i en bok. Et enkelt fotografi kan vise deg 20 år av et lands historie. Vold er smittsomt og media løper alltid etter vold. Flere journalister og filmskapere burde se i en annen retning og gi de mange ikkevolds-historiene mere plass. Vi trenger filmer om håp som styrker de positive kreftene i oss. Filmer som er inspirerende, lærerike, som viser at det er mulig, som gir makt."
Fredsnobelpris mottaker Shirin Ebadi.

USA'S MILITÆRBASER UTENFOR SINE GRENSER: CA 1000 STK

Kilde: "The bases of Empire, 2009 v/ Catherine Lutz

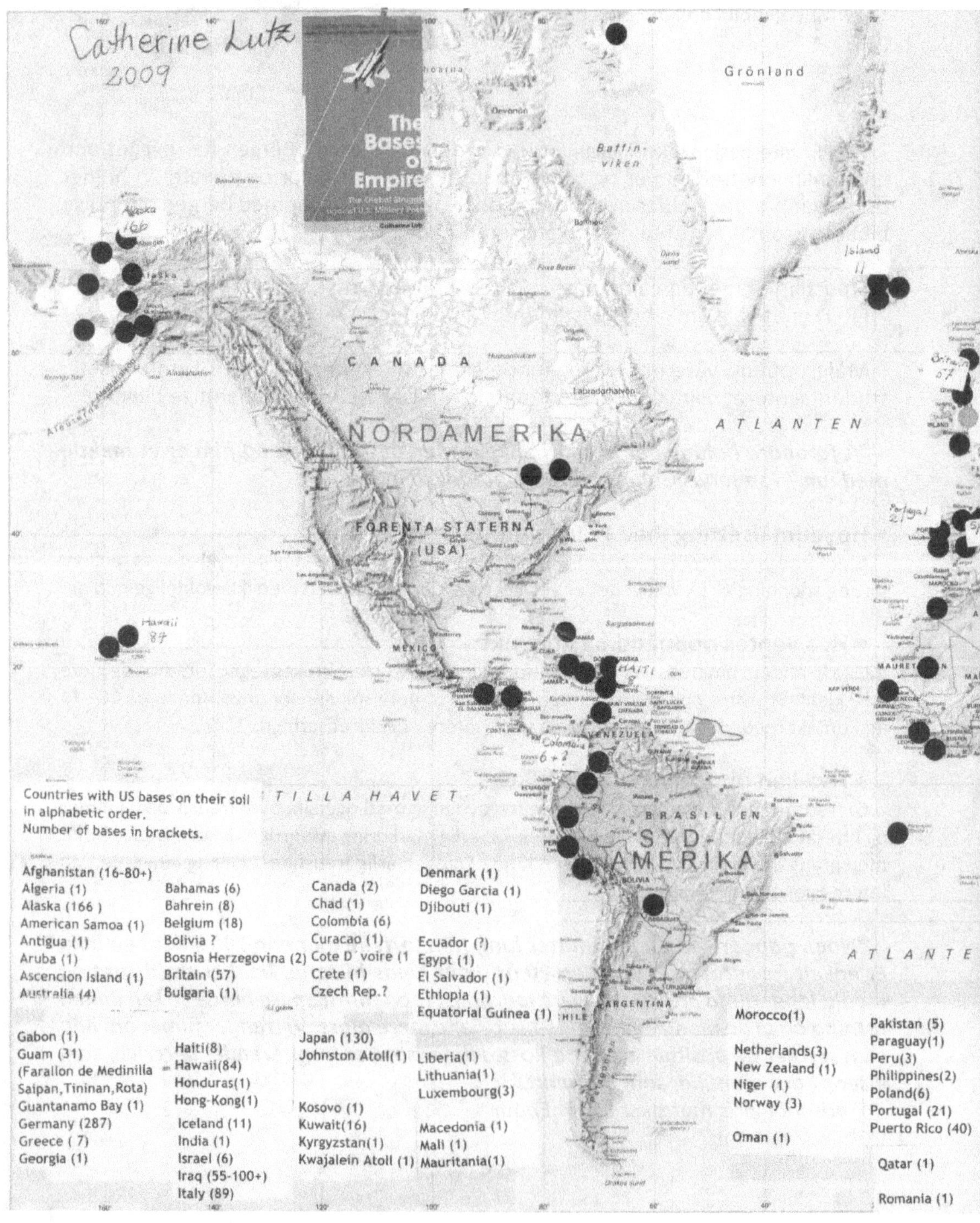

Countries with US bases on their soil in alphabetic order.
Number of bases in brackets.

Afghanistan (16-80+)		Denmark (1)	
Algeria (1)	Bahamas (6)	Canada (2)	Diego Garcia (1)
Alaska (166)	Bahrein (8)	Chad (1)	Djibouti (1)
American Samoa (1)	Belgium (18)	Colombia (6)	
Antigua (1)	Bolivia ?	Curacao (1)	Ecuador (?)
Aruba (1)	Bosnia Herzegovina (2)	Cote D´voire (1	Egypt (1)
Ascencion Island (1)	Britain (57)	Crete (1)	El Salvador (1)
Australia (4)	Bulgaria (1)	Czech Rep.?	Ethiopia (1)
			Equatorial Guinea (1)

Gabon (1)	Haiti(8)	Japan (130)	
Guam (31)	Hawaii(84)	Johnston Atoll(1)	Liberia(1)
(Farallon de Medinilla	Honduras(1)		Lithuania(1)
Saipan,Tininan,Rota)	Hong-Kong(1)		Luxembourg(3)
Guantanamo Bay (1)		Kosovo (1)	
Germany (287)	Iceland (11)	Kuwait(16)	Macedonia (1)
Greece (7)	India (1)	Kyrgyzstan(1)	Mali (1)
Georgia (1)	Israel (6)	Kwajalein Atoll (1)	Mauritania(1)
	Iraq (55-100+)		
	Italy (89)		

Morocco(1)	Pakistan (5)
	Paraguay(1)
Netherlands(3)	Peru(3)
New Zealand (1)	Philippines(2)
Niger (1)	Poland(6)
Norway (3)	Portugal (21)
	Puerto Rico (40)
Oman (1)	
	Qatar (1)
	Romania (1)

Kartet over USA's militærbaser setter vestens offisielle retorikk med hensyn til Iran eller Russland i perspektiv - for den som vil se.

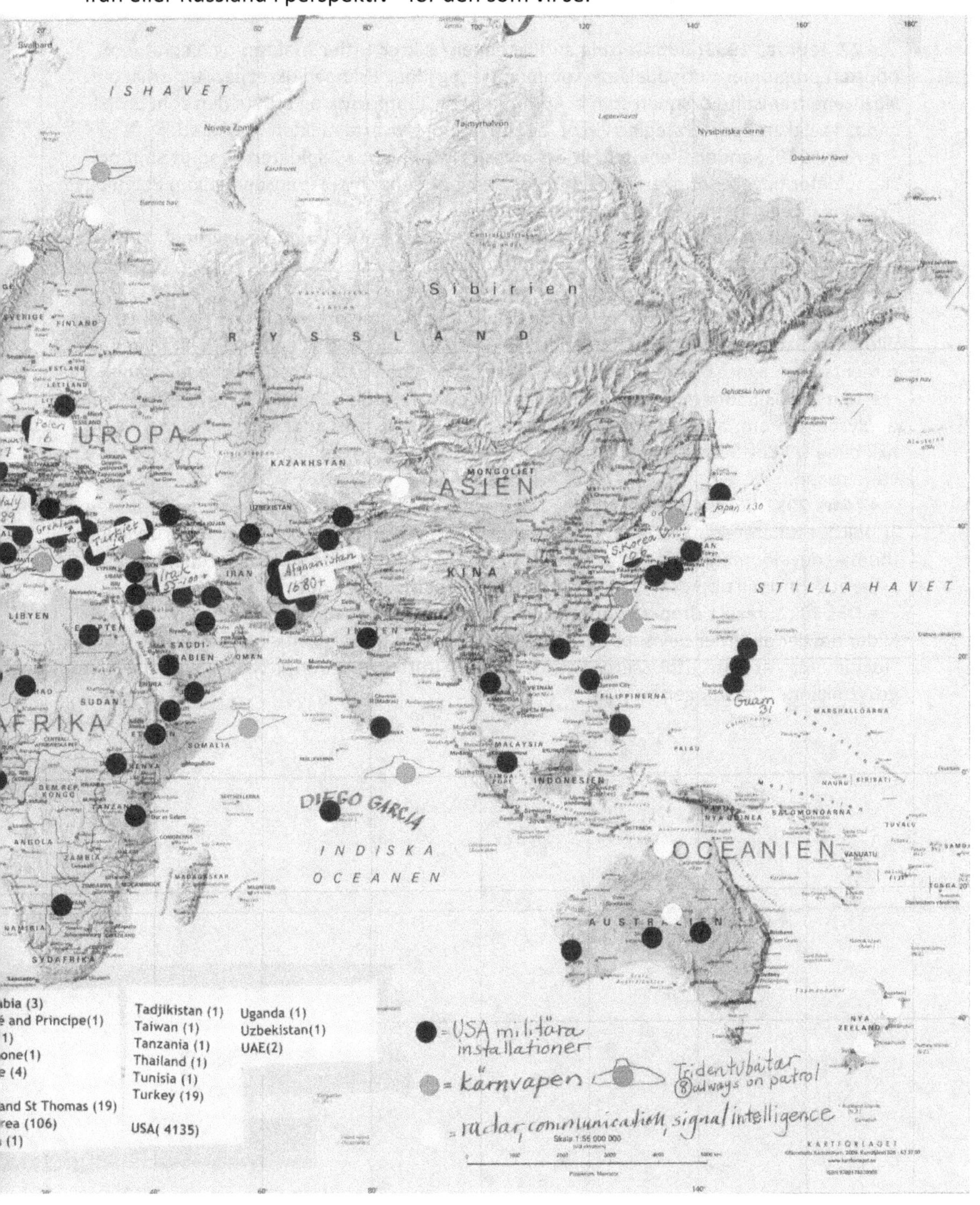

HISTORIEN GJENTAR SEG:

Hendelser blir iscenesatt for å gi påskudd til å invadere, bombe, destabilisere, tilegne seg ressurser i etterkant av kollapsede samfunn.

v/ Barbara Gentikow og Susanne Urban, IKFF-Bergen

- **27. februar 1933: ildpåsetting av Riksdagen/ sikrer Hitler makten** og "legitimerer" oppstart progromer = utryddelse av kommunister og jøder. Brannen sikret nazistene makten. Nazistene fremstilte brannen som et kommunistisk kuppforsøk og brukte den som propaganda i valgkampen. Strategien virket, og Hitler kunne overta makten i Tyskland.
- **Aug.1939: Sender Gleiwitz/ Hitlers invasjon av Polen:** SS-soldater kledd ut som polske soldater fingerer et overfall på nazistenes nyhetssender ved grensen mellom Polen og Tyskland. "Legitimerer" Hitlers invasjon av Polen.
- **1941 Pearl Harbour/ USA's inntreden i 2. verdenskrig:** Det japanske angrepet på Pearl Harbour i 1941 som Roosevelt kjente til på forhånd, men unnlot å advare mot, ble brukt som påskudd til å sende USA med i krigen.
- **9.september 2001 New York/ Washington/ "Krig mot terror"- invasjon av Afghanistan**: piloter fra Saudi Arabia styrter passasjerfly inn i WTC World Trade Center og Forsvarsdepartementet Pentagon. Dette "legitimerer" invasjon av Afghanistan (men ikke Saudi Arabia)
- **Mars 2003 Saddam Husseins "Masseutryddelsesmiddler"/ invasjon av Irak:** Det var opplysningen om, at Saddams regime var i besittelse af masseødelæggelsesvåpen, som fikk både USA og Storbritannia til at gå inn i Irak. Men etterretningen viste seg i ettertid å være usann.
- **Mars 2011 'Redde sivilbefolkningen i Benghazi'/ bombing av Libya** og hovedstaden Tripolis: resultatet er at det landet som hadde FNs høyeste indeks for menneskelig utvikling (human development index) i Afrika – også høyere enn i enkelte stater i Europa, ble lagt i grus, et samfunn i oppløsning, og en flyktningkatastrofe uten ende.
- **Okt.2012: rakett dreper mor med 5 barn i Tyrkia / Assad får skylden** selv om flere kilder hevder at det er bevis for at det dreier seg om en Nato-rakett skutt fra Syria – Dette "legitimerer" at Nato utplasserer Patriot raketter (rettet mot Iran) i Tyrkia. Syria legges i grus, millioner flyktninger.

MILITARISERING I NORD

IKFF TEMABROSJYRE 2015

«Forsvaret» i nord

I Nord-Norge ligger 5 viktige enheter for militær aktivitet:
1. Lyttestasjoner og overvåkings-enheter
2. Testsenter for rakettutskyting
3. Nedlesestasjoner for satellitter i polare baner i Tromsø, Vadsø, Svalbard og Antarktisk
4. Flyplass
5. Store arealer er ekspropriert til garnisoner og øvings- og skytefelt

Militær-sivil samarbeid

«Nordområdene er regjeringens viktigste strategiske satsningsområde, og Forsvaret har en sentral rolle i dette. Det å ha gode skyte- og øvingsmuligheter handler også om tilstedeværelse. Samtidig er det viktig at Forsvarets aktivitet kan foregå i sameksistens med det lokalsamfunnet det er en del av. En positiv bieffekt er at det legges igjen betydelige beløp lokalt, ved at de kjøper varer og tjenester», sier myndighetene. 760 millioner ble satt av i 2015 til å styrke den militære beredskapen i nord.

Svalbard

Svalbard Satellittstasjon (SvalSat) har kontakt med de polare satellittene på hver eneste runde de tar (14 av 14 runder i døgnet). Data fra 100 satellitter gjør SvalSat til en kommersiell millionindustri. Ifølge Svalbardtraktaten, signert 1920, skal Svalbard være en nøytral og avmilitarisert sone: «Norge [forplikter] sig til ikke å opprette eller tillate opprettet nogen flåtebase [...] eller anlegge nogen befestning i de nevnte egner som aldri må nyttes i krigsøyemed.» Lars Fause uttalte i mars 2010 «Styring og nedlasting av data fra militære satellitter, eller videreformidling av data til offensive militære operasjoner er eksempler på prosesser som ikke er tillatt.»

Antarktistraktaten ble undertegnet i 1959 av 12 land; i dag har 45 land undertegnet traktaten. Traktaten støtter vitenskapelig forskning, forbyr militære aktiviteter og gruvedrift for å beskytte Antarktis økosone. TrollSatt er en norsk satellittstasjon som hat tett samarbeid med SvalSat og som er svært ettertraktet av den internasjonale satellitt-industrien.

Militært nærvær

Miljøovervåking og Norges enestående posisjon innen polarforskning framheves som årsak til at Norge er så engasjert i dette arbeidet. Den eventuelt militære bruken ved stasjonene er av sikkerhetsgrunner unntatt offentligheten. Ifølge Kongsberg Satellitt Service er alt basert på tillit.

Cyberforsvaret

Operasjoner i det militære er lagt opp til å få det meste av sin informasjon fra satellitter ut i verdensrommet, nedlastningsstasjoner eller radaranlegg på bakken. I Norge og Sverige har utviklingen av droneteknologi og støtteinstallasjoner skjedd med støtte fra staten.

Flerbruk

Forsvaret utarbeider Flerbruksplaner og mener at deres virksomhet i nordområdene ikke forstyrrer næringsdrift og friluftsliv. Samiske områder blir sterkt berørt og reindrift blir vanskelig. Sårbar natur med 3 – 4 måneders vekstsesong kan medføre at det tar 15 år å gjenopprette beiter. Dessuten påføres rein stress midt i «matfatet». De Nordiske samebygdene er sterkt berørt av regjeringenes avtaler som tillater bombetesting og -øvelser. Land er blitt konfiskert, stikk i strid med artikkel 30 av FN-deklarasjonen om urfolks rettigheter.

Norge med ryggen mot Russland

Norges kyst 100 915 km lang, med 239 057øyer. Å være del av en forsvarsallianse kan virke fornuftig. Men Norge påla seg noen restriksjoner i forhold til NATO-politikken. Disse restriksjonene gikk ut på at det ikke skulle være atomvåpen eller fremmede militærbaser på norsk jord i fredstid. Det skulle heller ikke avholdes NATO-øvelser i Finnmark og Nord-Troms. Da NATO vedtok sin «out-of-area» -strategi ble vi blitt dratt inn i kriger og konflikter som har lite med våre fjorder og lange kystlinje å gjøre.

Nedrustning og avspenning

Norge hadde en aktiv avspenningspolitikk ovenfor USA og Sovjetunionen på 50 og 60 tallet. Vi gikk inn for atomnedrusting og har strukket oss langt for at dialogen med våre naboer i øst skulle vedvare. I årenes løp har grensehandelen i Kirkenes utviklet seg igjen, gatenavn er på norsk og russisk, for å nevne noe.

Ressurser under press

Nordkalotten er under stadig press for utnyttelse av ressurser. Transporten mellom Asia og Europa er 30 % kortere gjennom nordøstpassasjen. Om det blir lønnsomt å utvinne olje i havområdene vil økt virksomhet gi større utgifter til norsk sivilt beredskap.

Sammenblandingen av det sivile og militære

Utfordrende klima gir utfordrende muligheter for øving i Nord. Forsvaret har satset stort på bygging og utvikling av infrastruktur, dette setter sitt preg på landsdelen, sosialt og økonomisk. Dette «kommunalt-militære komplekset» eller «samarbeidet», blir sett på som bra for lokalsamfunnet. Ved et konstant nærvær og avhengighet av Forsvaret for å løse oppgaver for fellesskapet taper de demokratiske prosessene og det skaper en todeling i samfunnet; En militær del som blant annet har gratis utdanning, tannlege og transport og en sivil del som må forholde seg til storsamfunnets prioriteringer.

Hva tenker IKFF om situasjonen i nord?

Allerede i 1948 var det snakk om et nordisk forsvarssamarbeid, det tok
sikte på å være en atomvåpenfri region og bygge på vår felles historie
med demokratier og fredelige løsninger på konflikter. I dag ser de tre
nordligste fylkene i Norge, Sverige og Finland ut som en sammenheng-
ende militærøvingssone. Sverige tjener penger på å leie ut beitemark
som treningsfelt (og har nektet å skrive under på Urfolks konvensjonen.)
Med endringer i norsk industri har Norge fått et godt rykte innen det
industrielle militære kompleks. Og vårt rykte som Fredsnasjon er i ferd
med å slå sprekker.

Et sterkt FN

Vi vil alltid sikkerhetspolitisk være avhengig av et sterkt FN og av respekt
for folkeretten. IKFF ønsker nedrustning og en overgang til et samfunn
hvor forsvarsindustrien blir omskolert til fredelig miljø- og energiteknikk og
forskning. Nordområdene skal vernes mot varige ødeleggelser av militær
karakter.

Interessert i dette og andre tema?

Denne og andre brosjyrer finner du i pdf format på <u>www. ikff.no</u>

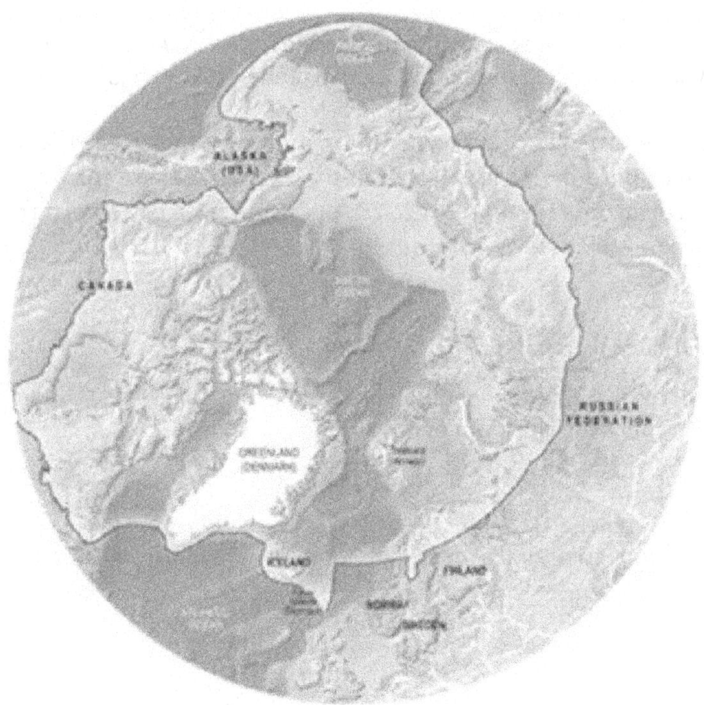

INGEN ATOMUBÅTER I HORDALANDS FARVANN

OPPROP *sendt til 26 Hordalandskommuner som deltok i en atomberedskapsøvelse oktober 2015*

Når forsvar blir til trussel: Hva om en eventuell radioaktiv lekkasje er en større trussel enn det atomubåter skal beskytte oss mot?

14-17 atomubåter anløper Håkonsvern per år. Der ligger de til kai i noen dager eller uker. Hvert anløp bærer med seg risikoen for brann, ulykke eller havari med katastrofale følger. Heldigvis har Statens Strålevern allerede i 2007 bestemt at 70.000 jodtabletter skal lagres på Løvåsen Sykehjem i Fyllingsdalen. Pillene er for utdeling til barn umiddelbart etter et eventuelt radioaktivt utslipp i de folkerike boområdene Vadmyra, Hetleviksåsen, Loddefjord og Bjørndalsskogen, som ligger tett opp til Håkonsvern, Nordens største marinebase.

Høsten 2015 blir 26 Hordalands-kommuner med på atomberedskapsøvelse. Så bra at strålevern blir tatt på alvor, kan vi tenke. MEN: er vi og våre barn og barnebarn tjent med at amerikanske/ engelske/ franske atomubåter patruljerer i norske fjorder – med fare for atomlekkasjer som kan gjøre ubotelig skade på vårt livsgrunnlag i tusener av år?

Skottene har konkludert med å forby atomubåter i to fjorder, med henvisning til utilstrekkelige planer i tilfelle ulykker under sjøforsvarsøvelser.

New Zealand har allerede i 1984 vedtatt å forby atomdrevne fartøy å bruke havn og farvann i landet.

Det er foruroligende å lese at en regner med større trafikk av vestlige reaktordrevne fartøy i nordområdene der vestmaktene ser for seg tiltagende aktivitet hos det russiske forsvaret.

Vi er bekymret for sikkerheten ved anløp av atomubåter på Håkonsvern. Med henvisning til at Bergen er medlem av nettverket Ordførere for fred, som har som mål å forby atomvåpen innen 2020, ønsker vi nå å sette vern mot strålerisiko på dagsorden før høstens kommunevalg.

Jondal 01.07. 2015

Internasjonal Kvinneliga for Fred og Frihet, IKFF-Bergen

Oppropet støttes av undertegnende organisasjoner/ deltagere på Hardangerakademiet for fred, miljø og utvikling sitt sommersymposium

Vedlegg:
1. underskrifter vedlegg 1, (2 sider)
2. relevante utdrag fra ulike partiprogrammer med hensyn til radioaktiv trussel

FRED
MILJØ
UTVIKLING

ET NYTT OG BÆREKRAFTIG SIKKERHETSBEGREP

Militarismen ødelegger miljøet!

Krig og militarisme skaper enorme miljøødeleggelser. Det amerikanske forsvaret alene er verden største oljeforbruker med rundt 17 milliarder liter olje hvert år. (Barry Sanders: The green zone).

Militære CO_2 utslipp holdes utenfor klimaregnskap, og militærsektoren er i mange land unntatt fra innsyn og miljøreguleringer. Militarismen tilfører økosystemet skrap, tungmetaller, kjemiske gifter og radioaktive utslipp/partikler som forurenser luft, jord og vann: elver, grunnvann og innsjøer. Miljøødeleggelsene skjer både i krig og fredstid og foregår på militærbaser, industri- og testområder verden over. (www.toxicremnantsofwar)

Irak - et skrekkeksempel

Vestens krigføring i Irak har ført til radioaktiv og kjemisk forurensning av matjord, vann og byer, etter bruk av hundrevis av tonn med panserbrytende våpen og ammunisjon med utarmet uran. (lavradioaktivt atomavfall U-238) med en halveringstid på 4,5 milliarder år. Byer som Basra, Bagdad og Falluja opplever en alarmerende økning av krefttilfeller og barn født med alvorlige misdannelser. Krigene har også ødelagt jordbruket. Irak er blitt kalt "Den fruktbare halvmåne". Med sine store elver og fruktbare jord var landet storeksportør av korn, dadler, grønnsaker og belgfrukter. Etter over 20 år med embargo, krig og okkupasjon – er Irak nå avhengig av bistand og må importere mer enn 50% av maten.

KRIG ELLER KLODE? På tide å velge…
Internasjonal kvinneliga for fred og frihet/ IKFF-Bergen, www.IKFF.no, 02.06.15 s.1/2

En militarisert verdensøkonomi

Verdens samlede militærbudsjett var i 2013 på **11.600 milliarder kroner**. De fem faste landene i sikkerhetsrådet står for rundt 85 % av det globale våpensalget. USA, Russland og EU-landene selger mest, også til fattige land, til land i konflikt og regimer som undertrykker egen befolkning. Europa ruster opp, og Norge vil øke sine bidrag til Nato. Statens pensjonsfond og norske bankfond har investert mangfoldige milliarder i amerikansk våpenindustri og i finansinstitusjoner som tjener på våpensalg. Vi bidrar til det amerikanske rakettskjoldprogrammet. Vi eksporterer mer våpen enn noensinne. En tidligere Arbeiderparti-statssekretær omtalte våpen som "Norges nye olje". Er det en slik utvikling vi ønsker?

NEDRUSTNING FOR UTVIKLING

Det militære forbruket er en avsindig sløsing med felles ressurser, i form av energi, materiell, landområder og menneskelige ressurser. Våpenindustrien mottar svært mye i forskningsmidler og rekrutterer blant de beste med teknisk og naturvitenskapelig utdannelse.

En rekke FN-resolusjoner har handlet om å overføre midler fra militær sektor til grunnleggende menneskelige behov. I 1973 vedtok FNs generalforsamling en resolusjon hvor de fem faste medlemmene av sikkerhetsrådet skulle kutte sine militære budsjett med 10%. Halvparten av disse midlene skulle gå til utvikling i de fattigste landene. Senere er det kommet flere tilsvarende FN resolusjoner, som også er blitt neglisjert.

Et nytt og bærekraftig sikkerhetsbegrep

Det er et paradoks at militærsektoren som skal ivareta menneskelig sikkerhet, bidrar til å ødelegge livsgrunnlaget for kommende generasjoner. Det trengs et nytt og bærekraftig sikkerhetsbegrep som ikke handler om nasjonalstater, men som ser mennesker, utvikling og miljø i sammenheng og som oppfordrer til internasjonalt samarbeid om felles globale utfordringer.

KVINNER, MILJØ OG MATSIKKERHET

v/ Bhanumathi Natarajan, IKFF-Bergen

Cultivating diversity is an insurance to combat climate change.
Cultivating diversity is an insurance to encounter hunger.
Cultivating diversity is an insurance for self-sufficiency in food and nutrition
Cultivating diversity is an insurance for empowerment of women
In other words cultivating diversity is an insurance towards sustainable food security.

Under FNs toppmøte i 1996 ble begrepet matsikkerhet definert: "Når alle mennesker til enhver tid har fysisk og økonomisk tilgang til nok og trygg mat, for å sikre et godt kosthold som møter deres ernæringsbehov og matvarepreferanser som grunnlag til et aktivt liv med god helse". For egen regning vil jeg også legge til viktigheten av miljøvennlig matproduksjon og sosial rettferdighet.

Fra begynnelsen av 1960-tallet ble det lagt vekt på en vitenskapelig og teknologisk utvikling i jordbruket. Mantraet ble industrielt jordbruk og den grønne revolusjonen, med bruk av kjemikalier for å øke produksjonen. Videre skulle effektiviteten økes gjennom ensartet dyrking. Frø, gjødsel og pesticider ble solgt av selskaper i form av en teknologiske pakker til bønder, og de store jordbruksselskapene betraktet bønder som konsumenter.

Den grønne revolusjonen økte kornproduksjonen, og blant annet i India ble noen bønder velstående i enkelt deler av landet. Men det generelle bildet er dystert. Lokalt biologisk mangfold og lokal kunnskap om hvordan økosystemet fungerer ble stort sett ignorert, og har forsvunnet i stort monn. Mange folk i jordbrukssektoren mistet sitt levebrød. Bønder mistet kontroll over sine egne frø, og ble avhengig av eksterne markeder. Prisen på jordbrukskjemikaliene økte, samtidig som jorda ble forurenset. Bønder begikk selvmord siden de ikke klarer å dekke kostnadene til matproduksjon. Relatert til denne utviklingen har vi sett at jord i tredje verdensland har blitt kjøpt opp av multinasjonaleselskaper (såkalt land grabbing), og at produksjonen av biodrivstoff har økt på bekostning av matvarer.

Mange politikere jobber for modernisering av jordbruk med mer mekanisering og industrialisering med bruk av jordbrukskjemikaljer og dyrking av monokulturer. Utviklingspolitikken og u-hjelpen fortsetter å støtte kommersielt jordbruk.

I 2008 presenterte FNs daværende spesialrapportør for menneskerettigheter til mat en rapport som viste nødvendigheten av å endre det nåværende jordbrukssystemet. Jordbruk må baseres på agroøkologiske prinsipper, dvs at det må tas hensyn til jord og økologi. Mange studier viser at dette kan øke matproduksjonen. Jordkvaliteten forbedres og mangfoldet øker, og det resulterer i produkter med høy næringsverdi.

Det har også blitt mer og mer synlig at bestøvere – fugler, bier, humler og andre insekter – er viktige elementer i matproduksjonen. Omkring 2/3 deler av verdens kornarter er avhengig av bestøvning fra dyr i sin reproduksjon. Tap av bestøvere er en av hovedutfordringene for jordbruket for eksempel i Kina og USA. Situasjon er prekær, og det haster med å snu utviklingen.

Mat og mennesker

Mennesker produserer mat på en bærekraftig måte ved å ta i bruk lokale naturressurser (korn, grønnsaker og frukt) og kunnskap om jordbruksmangfold. Dette inkluderer kunnskap om jord, arter og lokale klimatiske forhold som bønder, urbefolkningsgrupper og lokalsamfunn har brukt til å dyrke mat over tusenvis av år. I slikt jordbruk har kvinner spilt en nøkkelrolle. På verdensbasis er kvinner ansvarlige for en stor del av matproduksjonen, og de sørger for hjemmeproduksjon av mat. Dette inkluderer såing av frø, fjerning av ugress og høsting av produksjonen. De dyrker også grønnsaker, og spiller en rolle i dyrebruk, fiskeribruk, skogsbruk og samling av andre spiselige produkter fra skog og mark. Kvinnene må bli lyttet til! Jeg vil trekke frem et eksempel fra organisasjonen Deccan Development Sosiety (DDS) om hvordan kvinner har jobbet for å gjøre sine samfunn matsikre. Gjennom lokal satsing har de fått respekt i sine samfunn, og de har dannet et kooperativ der de har begynt å selge økologiske produkter på markedet.

Kvinner i DDS

I januar 2015 deltok jeg på en biologisk mangfoldsfestival som ble organisert av DDS i Medak, Telengana, Andhra Pradesh, India. Festivalen markerte høsting av korn (forskjellige type hirse, linser og ris) og andre jordbruksprodukter. I et telt som var vakkert dekorert var det utstilt forskjellige korn og plakater om hvordan kvinner fra DDS jobber med å dyrke mat. Det var også flere boder som stilte ut medisinske planter, og forklarte hvordan disse kan brukes. Det var flere oksevogner som var dekorert med høstet korn. Oksene var også pyntet. I begynnelsen av festivalen kom kvinner syngende inn med en krukke med hirse i hendene sine. De sang om jordbruk og mat.

Da programmet var ferdig, begynte oksevognene å kjøre gjennom landsbyene. Folk fikk dermed muligheter til å utveksle kunnskap om diverse kornsorter og å bygge opp felleskap med andre. Festivalen varer i en måned, og oksevognene kjører til forskjellige landsbyer i området.

DDS startet med å mobilisere fattige, lavkastekvinner i Medak-området til å dyrke korn. DDS-kvinner startet med å rydde brakkmark dyrke egen mat. Det ble lagt vekt på lokale arter, arter som trenger lite ressurser. Medak er et tørt og regnfattig område og bønder er avhengig av regnvann for å dyrke korn. Det er to sesonger for jordbruket; Kharif season (monsoon) og Rabi season. Bønder dyrker forskjellige typer korn avhengig av sesongen.

På åkrene blir hirse og linser viktige alternativer. Mannen pløyer jorda og kvinner sår frø. Det er kvinner som har kontroll over sine frø. Hun har kunnskap om hvilke frø som skal såes, og samler frø til planting følgende år. Det gjør hun ved å observere avlingen i vekstperioden, og velger og markerer sunne frø som skal tas vare på. Etter høsting blir disse samlet og tørket. Frø blir oppbevart i krukker eller kurver som er penslet med kumøkk og tørket. Med korn blander de nimblader og aske for å unngå angrep fra skadedyr. Deretter blir krukkene og kurvene lukket med enda et lag med kumøkk og tørket. Disse vil ikke bli åpnet før neste såsesong.

En stolt Anjamma

Anjamma fra landsbyen Gangwar i Nyalakal block har mye erfaring med jordbruk. Hun forteller at kvinner ikke kjøper frø. Folk i landsbyen kan låne frø. Om hun låner en kopp med frø, må hun levere tilbake to kopper frø etter høsting, men dette er ikke absolutt krav. Tradisjonell kunnskap om jordbruk går fra en generasjon til en annen. Hun kjøper aldri frø, heller ikke fra regjeringens velferdsprosjekter. Hun bruker heller ikke genmanipulerte eller hybridfrø.

Anjamma har ca. 60 varianter av frø. Hun har kunnskap om hver og en av disse - når og hvordan de skal såes, høstes og lages mat ut fra. Hvis det er noe folk lurer på, kommer de til henne for å få råd. Gjennom sitt engasjement har Anjamma fått status i sin landsby ved å ha et stort mangfold av frø og tilhørende kunnskap. Det er flere kvinner som følger hennes fotspor.

DDS-kvinner produserer gjødsel til bruk på åkrene sine. De har også dannet et kooperativ og startet lokale Sangam-markeder, og de fikk hjelp av DDS til å starte dyrking av grønnsaker. Senere begynte de å dyrke diverse korn, blant annet hirse. I dag blir Sangam-produkter solgt i nærmeste storby Hyderabad. DDS-kvinnene er stolte av å være selvstendige, og er bevisste på hvilken type jordbruk som er bra for dem, deres families helse og for miljøet. Etter flere års satsning er de matsikre. Det har forbedret både deres og samfunnets livskvalitet.

Veien videre

Tilsvarende prosjekter finnes over hele India og andre steder i både utviklingsland og industrialiserte land. Det er stor interesse for å dyrke økologisk mat, og det kan man også se mange steder der bønder og andre folk tar hensyn til miljøet og redusere klimagass utslippet. I Kuba satset folk på økologisk urbandyrking av grønnsaker, frukt og annen mat etter at import av jordbruskjemikalier ble vanskelig da Sovjetunion gikk i oppløsning. De brukte teknologi basert på lokale kunnskaper, ferdigheter og ressurser. Med andre ord ble agroøkologiske prinsipper tatt i bruk. Et tydelig bevis på at økologisk produksjon er mulig.

Kvinner spiller en viktig rolle i matsikkerhet og ernæring for sine familier, men likevel er de rammet av fattigdom, dårlig ernæring og ubetalt omsorgsrolle i familie og samfunn. Dette har blitt understreket også av FNs nåværende spesial rapportør for menneskerettigheter til mat. Kvinners bemyndiggjøring (empowerment) og deres rettigheter må stå sentralt når det gjelder politikk rundt rett til mat.

Ved å støtte lokalproduksjon og jordbruk basert på økologiske premisser kan man videre bidra til solidaritet med andre i verden, og matsikkerhet er veien til fred!

SIAMESISKE TVILLINGER: KJERNEKRAFT OG ATOMVÅPEN

Eva Fidjestøl og Edel Beukes (IKFF-Oslo) samt IKFF-Bergen har fokusert på radioaktiv stråling i arbeidet sitt; kilde for sammenfatningen her kommer fra Energibevægelsen OOA, Danmark, Organisationen til Oplysning om Atomkraft

Kjernekraft og atomvåpen er som siamesiske tvillinger!

Hele atomindustrien ble startet utfra et militært behov. I første omgang var innsatsen konsentrert om atombomber. Den sivile bruken av atomkraft i energiproduksjon var på 1940-50-tallet i de fleste land - USA, Storbritannia, Frankrike, Sovjet og selv i Sverige - nært knyttet til de militære atomprosjektene. De sivile reaktorene ble utviklet fra militære prototyper. *Selv idag er virkningsgraden for et atomkraftverk ikke høyere enn ca 30% (!).*

I dag har mange land kjernekraftverk. Likevel er det få land som har prøvesprengt atombomber, men flere land har både kunnskap og evne til å produsere atombomber.

Fra et sivilt kjernekraft program er spranget til et atomvåpenprogram ikke langt. Store deler av utstyr fra den sivile delen kan brukes. Det er derfor vanskelig å bevise om et anlegg er brukt til sivil eller militær produksjon.

Idag er kjernekraftverk spredt over hele verden, og dermed øker risikoen for spredning av atomvåpen. Det er et faktum at en rekke stater i dag har muligheten til å produsere sine egne atomvåpen - takket være utbredelsen av atomteknologi til sivile formål. Dette gjelder flere såkalte terskelland, blant annet: Argentina, Brasil, Iran, Israel, Japan, Pakistan, Sør-Afrika, Sør-Korea, Nord-Korea og Taiwan.

Et eksempel er India, som utviklet atomvåpen takket være et kanadisk støttet, sivilt kjernekraft program. Canada stanset riktig nok øyeblikkelig all hjelp når dette ble kjent, men da hadde India allerede utviklet bomben. Et annet eksempel er Israel, som i dag antas å ha 150 til 200 atomvåpen.

At det er ikke er noe skille mellom sivile og militære anvendelser av atomenergi ble tydelig i USAs "Los Alamos rapport" fra 1981 "Det bør være klart for alle at det ikke er noe teknisk skille mellom militær og sivil atomreaktorteknologi, og at det aldri har vært noen. Det som har vært opprettholdt i flere tiår er bare den misforståelse at et slikt forhold ikke eksisterer." Regjeringens rapport anbefalte også bygging av nye atomkraftverk, som på en gang var tilrettelagt for å produsere strøm til forbrukere og plutonium for det amerikanske atomvåpenprogrammet.

USA er ikke alene om å innrømme koblingen.

I Frankrike sa Gaulist-partiets ordfører i forsvarsspørsmål, Jean Pierre Michaut-Lerisse, i 1982: "Ved å utvikle en formeringsreaktor kan vi produsere plutonium og bli mer uavhengig av utlandet. Plutonium gir oss militær slagkraft, og gjør oss til en atommakt. Det gir oss selvfølgelig også en del elektrisk strøm. Men nå snakker vi om forsvar. Formeringsreaktoren vil gi oss alt plutonium vi trenger til å lage atomvåpen."

"Det er ikke mulig å sette noen grense mellom atomkraft og atomvåpen, de er som siamesiske tvillinger. De har samme type anlegg, gruver, anrikingsanlegg, bearbeidingsanlegg. Reaktorene har samme historiske bakgrunn og samme framtid". Professor Hannes Alfvén, Nobelprisvinner i fysikk i 1970.

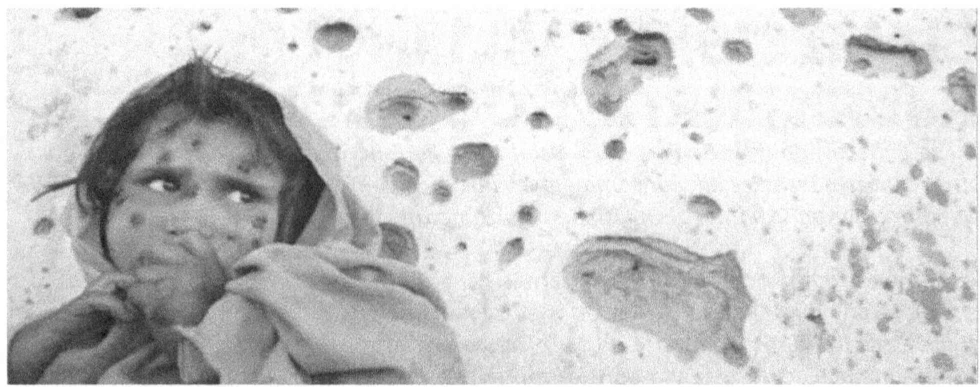

URANVÅPEN

fra temahefte om uranvåpen v/ Eva Fidjestøl IKFF-Oslo m.fl.

Utarmet uran brukt i våpen etterlater seg atomavfall. Som et avfallsprodukt i atomkraftindustrien er det god økonomi i å gjenvinne materiale i strategiske våpen.
Dette løser et forurensningsproblem hos produsenten men ødelegger nedslagsfeltene i generasjoner.

En fremtid med genetiske skader og ødelagt miljø

I dag finnes det ingen spesifikke internasjonale lover som stiller brukerne av uranvåpen til ansvar for radioaktive og kjemisk giftige etterlatenskaper etter bombetokt og andre krigshandlinger. Det mangler derfor detaljert informasjon om hvor og i hvilken utstrekning uranvåpen er blitt brukt. Dette hindrer viktig epidemiologisk forskning og tiltak som kan hindre at sivilbefolkningen bosetter seg eller dyrker mat i områder som er radioaktivt og kjemisk forurenset av utarmet uran, skriver Åse Møller Hansen i fred og frihet nr. 4/2010.

Denne sommeren har det vært flere norske medieoppslag om illevarslende økning i kreft og alvorlige misdannelser blant barna i byen Fallujah. Kildene har vært en reportasje fra BBC-journalisten John Simpson og Chris Busby sin forskningsrapport Cancer, Infant Mortality and Birth Sex-Ratio in Fallujah Iraq, 2005-2009.

Funnene ble presentert fem år etter at Fallujah i oktober og november 2005 ble kraftig bombet av okkupasjonsmaktene, men allerede i 2009 sendte den irakiske kvinneministeren brev til FNs generalsekretær om den samme situasjonen. I brevet ber hun FN erkjenne at Irak har et alvorlig problem, spesielt i byene Fallujah, Basra, Bagdad og Al-Najaf, og hun ber om full granskning av problemet. Samtidig ber hun okkupasjonsmaktene om å dekontaminere (rense) alle områder hvor det finnes rester av utarmet uran og hvitt fosfor, og om å gjennomføre tiltak som hindrer barn og voksne i å oppholde seg i de forurensete områdene. Hun ber også FN etterforske om det er begått en krigsforbrytelse eller en forbrytelse mot menneskeheten, og refererer til internasjonale bestemmelser som gjelder i krig.

Andre inhumane våpen, som landminer og klasevåpen er omfattet av protokoll V til CCW-konvensjonen om inhumane våpen. Bestemmelsene her gjelder for situasjonen etter en væpnet konflikt, og gir bruker medansvar for å rydde opp, redusere skader og beskytte sivilbefolkningen. I tillegg finnes det bestemmelser om informasjonsutveksling, assistanse og samarbeid.

ICBUW, International Coalition to Ban Uranium Weapons, har det siste året arbeidet for at uranvåpen skal komme inn under en tilsvarende avtale og samler for tiden støtte til en FN-resolusjon som legger vekt på føre var- prinsippet og åpenhet (transparency).

IKFF hadde derfor håp om en ny og sterkere resolusjon fra FN høsten 2010, men arbeidet samtidig med å få i gang en bred norsk kampanje mot uranvåpen. 6 desember 2010 ble det arrangert et åpent møte på Litteraturhuset i Oslo om "Uranvåpenbruk og konsekvenser for helse og miljø" og hva som skal til for å oppnå et forbud. Chris Busby, forfatter av rapporten fra Fallujah var hovedinnleder, og i panelet satt blant annet representanter fra ICBUW, Norsk Folkehjelp og IKFF.

Vi håper fortsatt at Norge nok en gang vil gå foran for å forby et inhumant våpen, denne gangen et våpen som rammer sivilbefolkningen hardt og brutalt gjennom å skade selve genmaterialet.

---------------------------*---------------------------

IKFF takker Utenriksdepartementet for støttemidlene som ble bevilget over flere år til forskningsprosjekter i regi av ICBUW. Men høst 2015 er vi fortsatt ikke i mål, verken med et nordisk forbud, for ikke å snakke om et globalt forbud mot uranvåpen. Allikevel har vi bidratt til å spre informasjon til uranvåpeners effekt på helse og miljø, og det virker som om det er mindre aksept for bruk av uranvåpen.

Nordisk Nettverk mot Uranvåpen prøvde å etablere et nordisk plattform for å bevege de nordiske landene til å følge Nato-landet Belgia, som i 2009 var verdens første land til å vedta et forbud mot å finansiere, produsere, bruke, eie og lagre uranvåpen.

Det viser seg at kampen for et uranvåpenforbud er en del vanskeligere en kampen for å forby landminer og klasevåpen. Stråling er usynlig, og ulike kreftformer og andre sykdommer utvikler seg over tid. Dessuten blir befolkningen utsatt for mange ulike miljøgifter i krigssoner. Radioaktiv forurensning er bortimot umulig å rense opp. Den dagen et globalt forbud mot uranvåpen blir vedtatt, vil dette kunne medføre uoverkommelig erstatningsansvar for militærmakter som har brukt slike våpen.

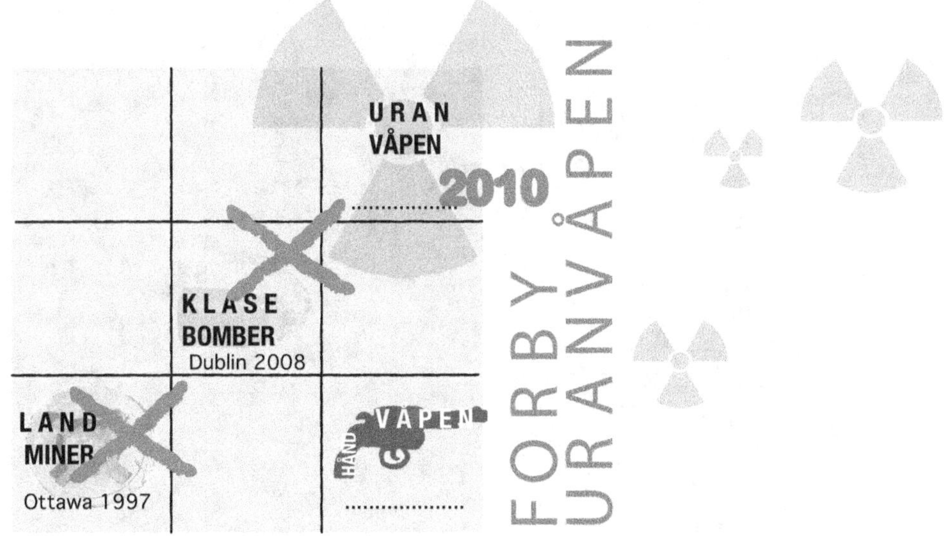

INTERNATIONAL COALITION TO BAN URANIUM WEAPONS

Norges positive rolle vedrørende forskning på uranvåpens konsekvenser for miljø og helse. IKFF har vært engasjert i denne saken siden 2004 og er en av tre norske organisasjoner som er medlem av ICBUW-koalisjonen. IKFF Bergen har gjennom disse årene stått på stand og samlet inn rundt 5000 underskrifter for et uranvåpenforbud. Underskriftene har vært sendt til ICBUW som har send dem videre til FN. Mange er derfor oppmerksomme på det positive faktum at Norge har bevilget midler til drift av ICBUWs sekretariat og til forskning på DU-forurensing i Irak og på Balkan.

War in Eastern Ukraine: damage to Donbas environment

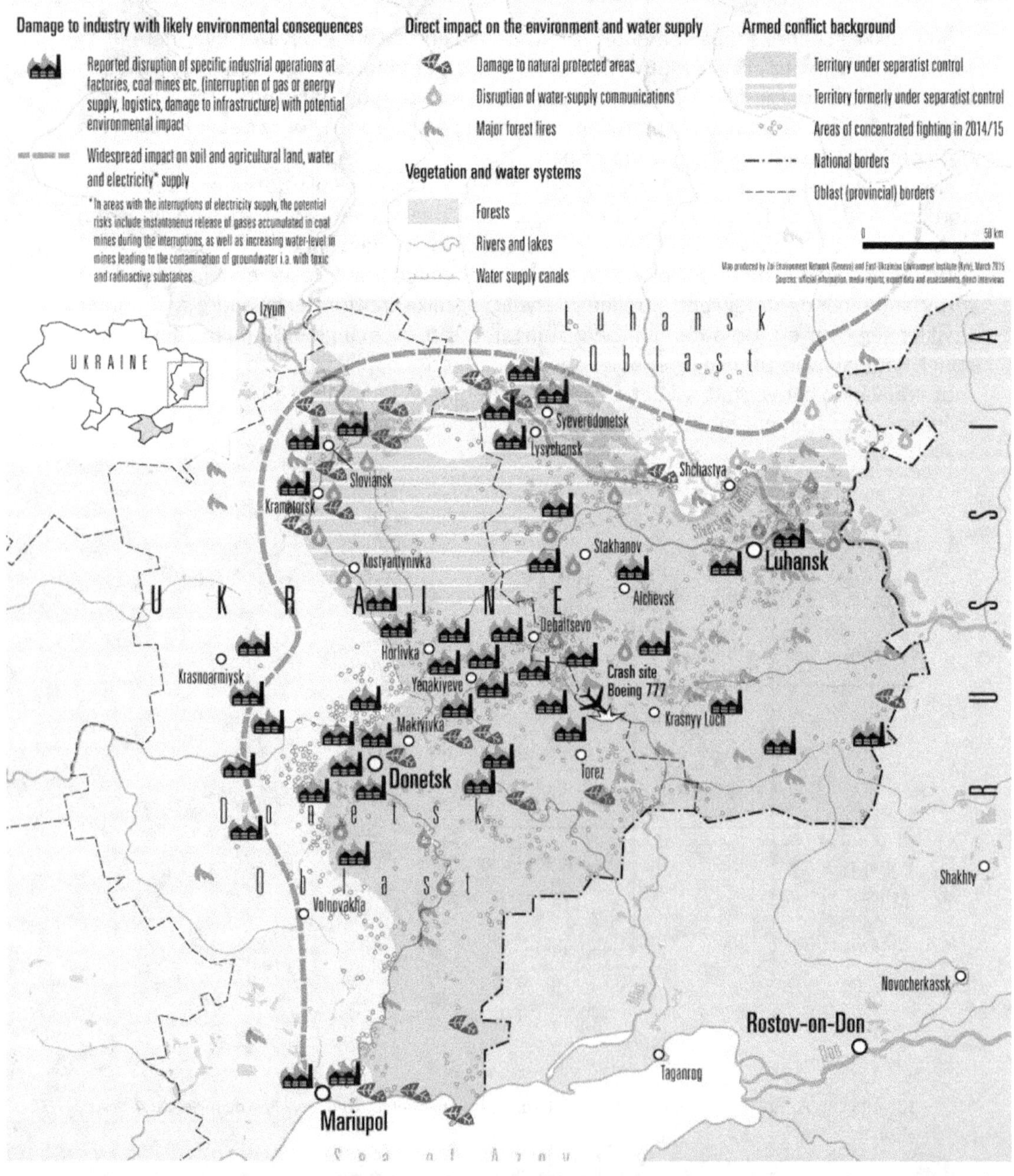

GIFTIG AVFALL AV KRIG/ TRW

- Toxic Remnants of War *v/ Susanne Urban, IKFF-Bergen*

En av grunnene til at arbeidet mot uranvåpen har vært spesielt krevende er at sammenhengen mellom uranvåpenbruk og de store oppblomstringene av medfødte misdannelser og kreft i Irak, er omstridt. I arbeidet mot landminer og klasevåpen er sammenhengen mellom våpenbruk og skade entydig og klar.

Som en reaksjon på disse vanskelighetene har ICBUW utvidet sitt arbeid til å gjelde overvåking av forurensing etter krig generelt, Toxic Remnants of War. TRW-prosjektet spiller en viktig rolle i kartlegging av humanitære konsekvenser av kjemisk og radioaktiv forurensing i krig og væpnede konflikter.

Nettverket "Giftig avfall av krig" ble offisielt lansert 14. september 2015. Prosjektet viderefører arbeidet som ble påbegynt med den internasjonale kampanjen for å forby uranvåpen, ICBUW (bandepleteduranium.org).

Skader på naturmiljøet har lenge vært en uunngåelig følge av konflikt. Men både når det gjelder hvordan fiendtligheter gjennomføres, og steder der kriger utkjempes, øker den teknologiske utviklingen risikoen for alvorlig langsiktig miljøskade, og med det, trusselbildet mot sivilbefolkningen. Fra Ukraina, til Libya, Irak, Syria og Gaza, truer miljøødeleggelser liv og livsgrunnlag og øker lokalsamfunners sårbarhet.

Det er enighet blant jurister og i økende grad også blant internasjonale organisasjoner og stater, at de gjeldende bestemmelsene i internasjonal humanitær rett som gjelder vern av miljøet under konflikt, er uegnet til formålet.
Nettverket 'Giftig avfall av krig' mener at mangelfull rettssikkerhet oppmuntrer og opprettholder miljøskadelig militært atferd og praksis. Mangel på en felles internasjonal standard for å minimere skader og håndtere miljøbelastninger av væpnet konflikt fører til at det kontinuerlig skapes miljøproblemer, og med dem, langsiktige trusler mot helse og livsgrunnlaget for sivile.

Å vedstå seg at dagens rettssystem er for svakt har satt en rekke prosesser i gang. Det har inspirert den internasjonale debatten helt siden begynnelsen av 1960-årene. Likevel, på tross av den avgjørende rollen som sivilsamfunnet har spilt når det gjelder de siste initiativer på vilkårlige eller inhumane våpen, på våpenhandel og på å vanlige giftige stoffer som kvikksølv, har den kollektive stemmen til det sivile samfunn til dags dato i stor grad vært fraværende.

FRED I ET KVINNEPERSPEKTIV

www.fredsommetode.no v/ Elisabeth Kristiansen, IKFF-Oslo og omland

Kjønnsroller og konflikt

> *«Everyone has a responsibility to prevent and end violence against women and girls, starting by challenging the culture of discrimination that allows it to continue.»*
> Secretary-General Ban Ki-moon, FNs generalsekretær

Det er åpenbart at bruk av våpener ikke kan løse sikkerhetsutfordringene vi står overfor i dag, som for eksempel miljøødeleggelser, naturkatastrofer, vold, fattigdom og ulikhet, og mangel på utdanning og helsetjenester.

Til tross for dette brukte verdens stater $ 1747 milliard på militæret 2013 ifølge SIPRI. Det er mer enn 600 år med FNs regulære arbeidsbudsjett. Ressurser som i stedet kunne vært brukt til å øke menneskers sikkerhet, bekjempe fattigdom og forebygge konflikter. Våpen og millitarisme er en direkte trussel mot alles sikkerhet. Siden det er stort sett menn som eier og bruker våpen, utgjør våpen en uforholdsmessig trussel mot kvinners sikkerhet. Håndvåpen brukes til å utøve vold, slik som voldtekt. I underkant av 500 000 mennekser blir drept av håndvåpen årlig ifølge Small Arms Survey.

Kjønnsbasert vold og militarismen

Storsammfunnets patriarkale idealer dyrker styrke og hevder den sterkestes rett til overlevelse, militarisering og våpenkappløp er resultatet. Militarisering legitimerer fiendebilder og krigssenarier som forbereder menn til å bli soldater og helter, mens kvinner blir fortalt at de trenger å bli beskyttet, de er også "skatten", selve premien til soldaten. Det som skjer er at menn blir opplært til at vold vil løse deres problemer og kvinner blir opplært til å dyrke mannen. Kvinnene lærer at den volden deres egne menn påfører dem er mild i forhold til om fienden kommer, derfor må de adlyde og stole på mannen/soldaten. Den private volden menn påfører kvinner blir bortforklart og gjemt, det er en sosial kontrakt om rollefordeling mellom kjønnene, som bevares ved felles frykt. (Cynthia Enloy 2014)

Trygghet basert på felles sosiale goder og trygge offentlige rom tjener ikke militarismen. Koblingen mellom kjønnsbasert vold og militarisme er et tema IKFF har jobbet med i mange år. For eksempel i rapporten «You get what you pay for» hevdes det at «en utilslørt sterk militær tilstedeværelse skaper utrygghet. Demilitarisering og nedrustning er dermed viktig for å oppnå likestilling.» Derfor er nedrustning og fredsarbeid tett knyttet til likestilling og frigjøring for alle, fra undertrykkelse og stereotype kjønnsroller.

IKFF mener det er viktig å kontrollere og redusere den globale våpenstrømmen. I 2013 forhandlet FNs stater fram verdens første internasjonale våpenhandelsavtale: Arms Trade Treaty. (ATT) IKFFs prosjekt Reaching Critical Will jobbet for en avtaletekst som kunne begrense vold mot kvinner og barn. Vi lyktes: *«The exporting State Party, in making this assessment, shall take into account the risk of the conventional arms (...) being used to commit or facilitate serious acts of gender-based violence or serious acts of violence against women and children.»* ATT artikkel 7 (4)

Det nytter å engasjere seg, det tar tid og mye gjenstår fortsatt.

FRED SOM METODE

Et prosjekt av www.ikff.no

Fredsarbeid er strategisk tenkning om hvordan best å overleve med andre mennesker. "Den sterkestes rett" er et konsept som hører fortiden til. Vårt miljø og våre ressurser tåler heller ikke at krigsindustrien binder opp krefter som ødelegger vårt felles livsgrunnlag.

Vi mener flere trenger kunnskap om kraften som ligger i kvinners evne og mulighet til å skape fred. Mye tyder på at samfunn som er likestilte og demokratiske har en befolkning med større trivsel og bedre helse. Dette gjør dem i stand til å takle utfordringer på konstruktive måter. Paradokset ligger i at det er disse samfunn som produserer og tjener penger på å selge våpen til fattige og utarmede land. Og her er det vi som har tid og overskudd som må stanse den voldsspiralen og militariseringen som stjeler ressurser fra våre etterkommere og ødelegger livet på jorda. Det enkle faktum er at vi har bare en liten planet som vi må lære å leve sammen på.

Et liv i sikkerhet er ikke nødvendigvis et trygt liv.

Økende forskjeller mellom fattig og rik gjør at rike kjøper seg sikkerhet for å beskytte sine eiendeler og eiendom. Kvinner godtar beskyttelse fra voldelige menn for de tror "de andre" er verre. Dette synet på fattige og "de andre", videreføres så på fjernere grupper og med det godtas krigshandlinger langt fra egne landegrenser. De fleste konflikter vi ser i verden i dag handler om ressurser: land, vann, olje og mineraler. Så vi må ta i bruk et utvidet sikkerhetsbegrep hvor matsikkerhet, jobbsikkerhet og trygghet angående helse og utdanning inngår, samt hele menneskerettighetserklæringen.

Fredstenkning kan også være nyttig i hverdagen. For i samhandling med folk i det daglige kan det å trene på dialog og innlevelse gjøre oss bedre i stand til å leve med dem vi har i vår nærmeste krets. Altså er fred en metode for universell forståelse og fordragelighet! Fred oppnås ved å avvæpne voldelige konflikter og ved å gi partene verktøy for fredelig konfliktløsning. For konflikter skal vi ha, men de skal ikke være voldelige!

IKFF har tidligere jobbet tett med UNESCO. Nå når kvinners situasjon i konflikt og sentrale rolle i fredsskapende arbeid er blitt satt på dagsordenen av Sikkerhetsrådet må fredsundervisning være veien å gå.

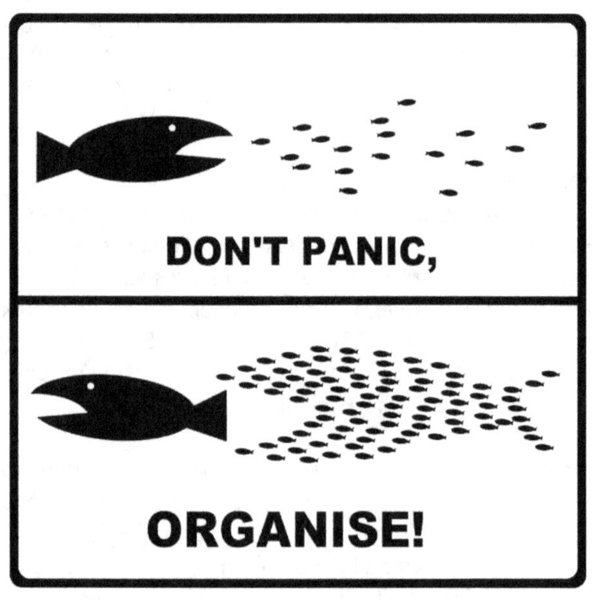

DON'T PANIC,
ORGANISE!

SAMARBEID & NETTVERK

PEACE of Norway

SAMARBEID MED ANDRE ORGANISASJONER

v/ Susanne Urban, IKFF-Bergen

På samme måte som ulike arbeiderforeninger måtte slutte seg sammen og danne større, mektigere landsorganisasjoner for å få gjennomslag for arbeidstidsbegrensninger og velferdsordninger, kan det være nødvendig å samle fredsbevegelsen i større grad enn den har fremstått sålangt. Eller skal vi satse videre på mange bekker små, desentralisert med flat struktur? I hvertfall har vi erfart at aksjoner i samarbeid med andre grupperinger har vært vellykket med tanke på bredere mediadekning og større oppslutning.

IKFF stiller seg bak kampanjer og fredsinitiativ som

• Fredsskattinitiativet: For å styrke arbeidet for økonomisk militærnekting ble Fredsskattalliansen dannet i mai 2007 av disse syv fredsorganisasjonene: Norges Fredslag, Internasjonal kvinneliga for fred og frihet (IKFF), IFOR Norge, Folkereisning mot krig (FMK), Seniorgruppen for Palestina (under Norsk folkehjelp), Bestemødre for Fred, Kvekerne

• ICBUW - International Campaign to Ban Uranium Weapons, en sammenslutning av 160 organisasjoner i 33 land på 4 kontinenter.

Vi samarbeider med andre organsisasjoner om årets merkedager.:

			EVENEMENTER/ MØTER HØST
	juni	juli	
• 01.mai: ARBEIDERNES DAG/ Tag der arbeit	mai	aug	• 1.helgen i august: SOMMERSYMPOSIUM HARDANGERAKADEMIET for fred, utvikling og miljø
• 26.april: TSJERNOBYLDAGEN (1986)			08.aug: HIROSHIMADAGEN (1945)
• 13.april: GLOBAL AKSJONSDAG MOT MILITÆRT FORBRUK / military spending Gdms *Påske*	april	sept	21.sept: FN'S INTERNASJONALE FREDSDAG
• 11.03: FUCUSHIMADAGEN (2011)			26.sept: FN'S INTERNASJONALE DAG FOR TOTAL AVSKAFFELSE AV ATOMVÅPEN
• 08.mars: FN'S INTERNASJONALE KVINNEDAG IKFF_BERGEN deltar i tog, holder appell, har stand på arrangement		okt	*Høstferie* 02.okt:FN'S INTERNASJONAL DAG FOR IKKEVOLD
• 05-06.mars: landsmøte WILPF–Norway/ IKFF	mars		• annet hvert år (ikke partall): GLOBALISERINGSKONFERANSE/ Oslo Social Forum
			24.okt: FN-DAGEN (etablert 1945)
	feb.	nov.	06.11 INTERNASJONAL DAG FOR Å FORHINDRE UTNYTTING AV MILJØET I KRIG OG VÆPNEDE KONFLIKTER
			25.nov: INTERNASJONAL DAG FOR AVSKAFFELSE AV VOLD MOT KVINNER
VÅR EVENEMENTER/ MØTER	jan.	des.	

LOKALLAGSARBEID
- EKSEMPELET IKFF-STAVANGER
v/ Hanne Kjersti Knutsen, IKFF-Stavanger

IKFF avd. Stavanger ble stiftet av Lilly Hertel-Aas i 1947.
Lilly var leder og drivkraft for avdelingen i flere år, og fikk IKFFs hedersnål for sin innsats. Avdelingen har pr 2015 mellom 20 og 30 medlemmer med en aktiv kjerne på 6-9 damer. Vi har møte en kveld i måneden og noen av oss deltar også på Sandnesavdelingens møter. Tre ganger i året er vi arrangører/medarrangører av loppemarked og internasjonale kvinnedager.

Loppemarked
Hver høst har vi loppemarked sammen med Sandnes IKFF. Samarbeidspartnere her er barn, barnebarn, ektefeller/partnere, venner og venninner. Med andre ord det kjære og nære nettverk som bidrar til at det blir penger i kassen. Vi sørger alltid for at det står et bord med blader, bøker krus ol. tilgjengelig som informasjon om arbeidet vårt. Tanken vår er at en aldri må gi slipp på håpet om å få slutt på vold og krig.

8. mars-dagen som markeringsarena
Vår deltagelse i markering av den internasjonale kvinnedagen 8 mars har i de senere år blitt en god tradisjon i Stavanger. IKFF Stavanger er "fast" medlem i 8 mars komiteen og får dermed være med å sette fokus på blant annet FN-resolusjon 1325 og 1820 . Paroler har vært: «Voldtekt i krig = krigsforbrytelse, FN res 1820» og «SR resolusjon 1325 Syriske kvinner til forhandlingsbordet nå»

Komiteen er egentlig en løst sammensatt komite, men i praksis er det de samme som møter år etter år med fast møtested på Folkets hus. Samarbeidspartnere er arbeidsorganisasjoner, politiske partier, kvinneorganisasjoner og menneskerettighetsorganisasjoner. Komiteen gjør alt arbeidet som må til for å lage en god og verdig 8 mars markering. I tillegg har komiteen godt samarbeid både med bibliotekene som lager arrangement /utstilling og afrikansk trommegruppe som leder an i marsjen år etter år. Ca. 500 mennesker deltar på samling i Byparken og marsj med paroler til Folkets hus. Her har det tradisjonelt vært fest med bevertning, taler, musikk og eget barneprogram. IKFF har flere ganger hatt hovedtalere og appellanter både i Byparken og i Folkets hus.

Markering av FNs internasjonale dag for avskaffelse av vold mot kvinner 25. november
I 2015, ble dagen markert med både utendørsarrangement og samling i Folkets hus. Kvinnegruppa Ottar stod for utendørs punktmarkering med appeller, også utmerket appell av IKFFer. Festsalen i Folkets hus var fullsatt og her hadde IKFF en flott opplysende tale. LO stod som vertskap i Folkets hus, men sammen med andre organisajsjoner var vi i arrangementkomiteen. LO ønsket å ha vår jubileumsutstilling i Folkets hus' foajé slik at mange kunne se den på en stor konferanse samme dagen.

FREDSUNDERVISNING

v/ Anne Margrete Halvorsen, IKFF-Oslo

Fredsundervisning i det daglige – en modell for fredsarbeidere

Johan Galtung har utviklet et fredsbegrep som gir fredsorganisasjonene et verktøy til å gi freden et innhold. Fred er ikke bare fravær av krig, det er det langsiktige arbeidet på mange områder. Bildet av en håpløs verden i mediene, må ikke hindre den enkelte i å arbeide daglig med å gi freden et innhold. Fredsundervisning er konfliktløsing og rettighetsarbeide i det daglige. Det handler om å være bevisst i arbeidet for fred , ikke bare delta i en stille aksept av dagens situasjon.

Modellen ble utarbeidet av FN-sambandet i 1982 forut for FNs fredsår. Den viser at det er mulig å delta på flere nivåer: Lokalt, nasjonalt og globalt. Frivillige organisasjoner velger å engasjere seg på ulike sektorer og innenfor ulike temaer. Slik bidrar du til å gi fredsbegrepet et innhold. Den enkelte kan selv velge sine aktuelle områder og bli en bidragsyter i arbeidet for fred.

ABC-trianglet

ABC-trianglet er et diagram som tydeliggjør skillet mellom mål og midler; skillet mellom handlinger og følelser, og hjelper oss å identifisere hvor målene kolliderer. Noe av det nyskapende ved professor Galtungs ABC triangel er en praktisk og konkret «oppskrift» for å forstå, analysere og håndtere konflikter: Konflikt = A + B + C, hvor alle elementene må håndteres og løses for at konflikten skal bli løst.

A møtes med empati, B med ikkevold, og C med kreativitet.

- Målkollisjon er kjernen i konflikter
- Når mål kolliderer, blir en uforenlighet født (C)
- Noe har skjedd mellom mennesker
- Det fører til negative følelser og tanker inni partene (A)
- Negative følelser, frustrert holdning, følges av handling som vi kan se fra utsiden (B)
- Alle tre sider må håndteres for å løse konflikten
- Fra A kommer mål, fra B kommer midler, C er uforenligheten mellom mål og/eller midler.

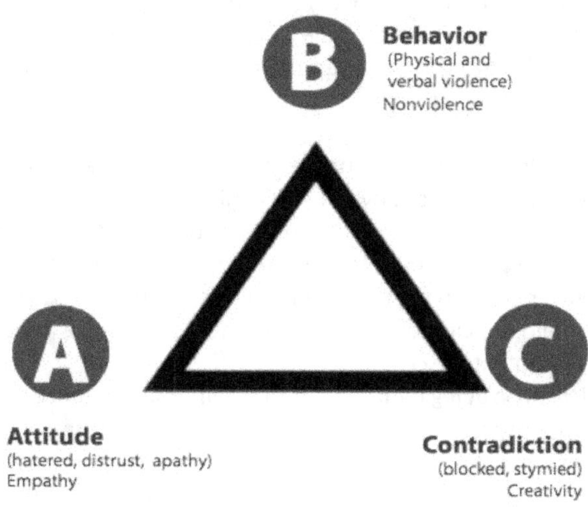

SABONA: KONFLIKTLØSING?
SE UNDER OVERFLATEN...

v/ Synnøve Faldalen

Navnet Sabona er et ord fra det afrikanske språket zulu: «Jeg ser deg»

For noen er fredsvisjoner en verden uten konflikter. En slik verden kan ikke eksistere etter vår oppfatning. Politikk, samfunn, menneskelig samvær, naturen, selve livet er preget av spenninger og motsetninger. Det handler om måter å løse konflikter på. Fredsvisjoner er derfor forestillinger om en verden hvor konflikter løses med fredelige eller ikke- voldelige midler. Her begynner også praktiske forsøk med å skape fred. Mange er enige om at ikke-voldsmetoder må inn i skoleundervisningen; de tallrike tiltak mot mobbing blant barn er et eksempel på dette.

Gruppen Sabona, bestående av Synnøve Faldalen, Åse Marie Faldalen, Vigdis R. Faldalen Thyholdt og Lars Thyholdt, går et godt stykke videre enn anti-mobbing kampanjer. Sabona arbeider mer overordnet for at konfliktløsing må (og kan) læres, og de bidrar praktisk til dette med kurs i både skoler, barnehager og i arbeidslivet.
http://www.levevei.no/?s=SabonaUbåtkapteinen som ble løsningsorientert
Synnøve Faldalen, pedagog, og medforfatter til Sabona-programmet Fred og frihet 3-4 /2013

Tredje klassetrinn hadde konflikthåndtering på timeplanen. Roger satt og ristet på hodet mens læreren fortalte om de tre sidene som en måtte være klar over - og løse - når en skulle finne ut av konflikter.
De lærte om **ABC tringlet – (en av modellene som beskrives i FN-manualen fra 2000 for fredsarbeidere.)** Det var greit nok med B'en - toppen av isfjellet 'Behavior' - den kunne han forstå. Alt en kan se og høre når det er «bråk»; når folk er i konflikt. Men at det skulle være noe mer; noe under vannskorpa - noe annet som en måtte ta hensyn til i tillegg? Nei, det fikk han ikke til å gå i hop. Folk som gjorde dumme ting ble straffet - det visste han av erfaring. Og de som det var blitt «tulla» med - de måtte en si unnskyld til - og så var en ferdig med det. Hver gang vi åpner en avis eller slår på nyhetene får vi dokumentert at det skjer mye vondt i verden. Krig, vold, bomber, drap, overfall, lidelse, sult og katastrofer. Alt det vi ikke ønsker, alt det vi så gjerne ville våre barn skulle slippe å leve med. Negative hendelser som vi demonstrerer mot - og bruker tid, engasjement og ressurser for å motarbeide på all mulig vis. Det er vondt å se folk lide - vi tar avstand og sier «Nei!».

Men hva med det som ligger «under vannskorpa»? Hva dreier konflikten seg om? Hva ligger bak, hvem er partene, hva vil de, hva består konflikten i? Hvor ofte hører vi om partene i Midtøsten for eksempel - med en forståelse om at det på alle sider av konflikten finnes mennesker som har krav på støtte og forståelse? At de alle har et poeng - at det ligger et knippe av konflikter der som de eller vi ikke har vært i stand til å løse? Og i mens teller vi bomber og skuddvekslinger. Og holder med den ene - eller andre - eller tredje siden. Hva med å bidra til å løse konfliktene?
For egen del måtte jeg innse at jeg hadde svært mangelfull kompetanse på å forstå, analysere,

håndtere og løse konflikter i praksis. Ikke fordi jeg ikke var interessert, men fordi jeg ikke var oppvokst med en språkforståelse som inneholdt elementene til god konflikthåndtering. Etter hvert oppdaget jeg at dette også gjaldt mange andre. Tanken om å bidra til en «språkliggjøring» av det menneskelige samspillområdet ble en viktig og spennende utfordring. Språk og begreper skaper tankestrukturer for forståelse - dermed ble det viktig å finne ord og forståelsesrammer som også kunne nå barn. Siden språk læres tidlig, er det nyttig at en grunnleggende samspillkompetanse bygges inn fra starten av.

Sabona-gruppen består av fire personer som har utviklet konflikthåndteringsprogram for barnehage, skole og arbeidsliv - med basis i modeller utviklet av professor Johan Galtung for FN. I 2005 begynte vi med den første skolen, og i 2011 var den første barnehagen i gang. All vår erfaring tyder på at de ingrediensene som er til stede i konflikter - også er der ved positivt samspill - men da tildels med motsatt fortegn. Denne observasjonen gjorde det enda viktigere å fokusere på barns konflikthåndteringskompetanse - for å bidra til å skape en fredskultur.

Roger lytter med stor interesse når læreren forteller at det er helt greit at vi «vil» noe. Å bestemme fotballaget i friminuttet, å være den de andre ser opp til, å være førstemann ut av klasserommet. Underlig - og han som trodde at det var feil? Læreren snakker videre om at mål er ok, men at de fra tid til annen kolliderte, og at vi trenger å bli bedre til å se både egne og andres mål - og vite hva vi kan gjøre når de «butter». Plutselig lyser fjeset til Roger opp i et stort smil: «Lærer! Jeg tror jeg skjønner det - jeg skal bli ubåtkaptein - så dykker jeg ned og sjekker ut det som er under vannskorpa - da går det jo an å finne ut av det!»

IKFF, NORSK SEKSJON AV WILPF WOMENS INTERNATIONAL LEAGUE FOR PEACE AND FREEDOM

Med konsultativ status i FN, er WILPF-Norge/ IKFF uavhengig, men har forslagsrett, dvs. rett til å sende inn innspill og meninger, samt å delta i de fleste møtene.

Konkret har WILPF konsultativ status ved:
- Det økonomiske og sosiale råd i FN (ECOSOC)
- FNs organisasjon for utdanning, vitenskap og kultur (United Nations Educational, Scientific and Cultural Organization, UNESCO)
- Trade and Development Conference (Conference on Trade Development, UNCTAD)

En spesiell konsultativ status har WILPF på:
- Barnas fond i FN (United Nations International Children Emergency Fund, UNICEF)
- Den internasjonale arbeidsorganisasjonen (International Labour Organization, ILO)
- Food and Agriculture Organization i FN (Food and Agriculture Organization i FN, FAO).